한 권으로 마스터하는 취업 합격 전략

시원스쿨 취업영어

면접 표현

KB219926

시원스쿨 LAB

시원스쿨 취업영어
면접 표현

초판 1쇄 발행 2024년 9월 30일

지은이 시원스쿨어학연구소
펴낸곳 (주)에스제이더블유인터내셔널
펴낸이 양홍걸 이시원

홈페이지 www.siwonschool.com
주소 서울시 영등포구 영신로 166 시원스쿨
교재 구입 문의 02)2014-8151
고객센터 02)6409-0878

ISBN 979-11-6150-893-1 13740
Number 1-110802-18180400-09

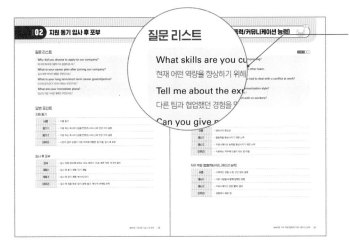

예상 질문 리스트

면접 빈출 주제에 해당하는 예상 질문 리스트 학습하기

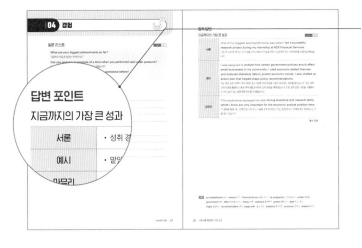

답변 포인트

빈출 질문의 서론-본론-마무리 답변 브레인스토밍하기

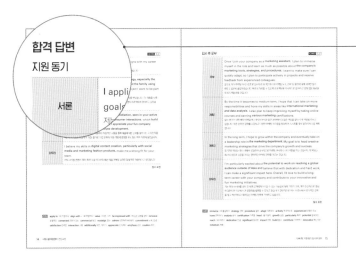

합격 답변

브레인스토밍을 바탕으로 모범 답안 학습하기

필수 표현

빈출 질문에 답변으로 100% 활용할 수 있는
필수 표현 학습하기

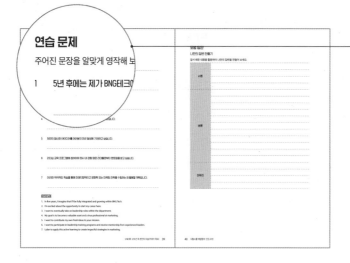

연습 문제 & 나만의 답변 만들기

답변에 활용할 수 있는 다양한 문장을
영문으로 만들어 보고 나만의 답변 만들어
보기

저자 직강 유료 온라인 강의

시원스쿨 취업영어 도서 시리즈: 면접 표현, 이슈 표현, 실전 영작 학습을 위해 저자 직강 온라인 강의를 제공합니다.
자세한 정보는 시원스쿨LAB 사이트를 확인해 주세요.

lab.siwonschool.com

책의 구성

개인 질문

Unit 01 자기 소개

질문 리스트

Introduce yourself.
자기 소개를 해주세요.

Tell me about yourself.
자신에 대해 말해 주세요.

Can you tell me something about yourself?
본인에 대해 말씀해 주시겠어요?

답변 포인트

자기 소개 (신입)

서론	• 면접 기회 감사 인사
소개 1	• 이름 • 출신 학교 • 전공
소개 2	• 지원 직무와 관련된 경험 소개 • 장점 어필
마무리	• 입사 후 포부

자기 소개 (경력)

서론	• 면접 기회 감사 인사 • 재직중인 회사 • 담당 업무
소개 1	• 담당 업무 소개 • 업무 성과 설명 • 업무에서 중요하게 생각하는 점 어필
소개 2	• 담당 업무 진행 시 나만의 강점 어필
마무리	• 입사 후 포부

합격 답변

자기 소개 (신입)

MP3 1_2

서론	Hi, thank you for having me here today. 안녕하세요, 오늘 이 자리에 불러 주셔서 감사합니다.
소개 1	My name is Michael Kim, and I graduated from Korea University with a bachelor's degree in English Language and Literature. I've always been very passionate about English ever since I was young. Even though I don't have any formal work experience yet, I've taken many courses related to world literature, creative and technical writing, and linguistics. 저는 고려대학교 영어영문학과 학사 학위를 취득한 마이클 김입니다. 어렸을 때부터 영어에 대한 열정이 매우 컸습니다. 아직 공식적인 업무 경험은 없지만 세계 문학, 창작 및 기술 글쓰기, 언어학 관련 강좌를 많이 수강했습니다.
소개 2	I completed a large research project where I analyzed common catchphrases being used in American news nowadays. Also, I was an editor for my school's English newspaper, so I have a strong foundation when it comes to writing and editing for semi-formal publications. I'm a quick learner and good at meeting deadlines. Even outside of school, I love reading English books and always make an effort to watch content in English. 저는 요즘 미국 뉴스에서 자주 사용되는 캐치프레이즈를 분석하는 대규모 연구 프로젝트를 완료했습니다. 또한 학교 영자신문의 편집자였기 때문에 정기간행물의 글쓰기 및 편집에 관한 기초가 탄탄합니다. 저는 빨리 배우고 마감일을 잘 지키는 편입니다. 학교 밖에서도 영어 책을 읽는 것을 좋아하고 항상 영어로 된 콘텐츠를 보기 위해 노력합니다.
마무리	I believe that my passions align with your company's values and vision, so I'd love to have the opportunity to work with The SK Times because I know that you guys are leaders in journalism and reporting. 저의 열정이 SK타임즈의 가치와 비전에 부합한다고 생각하며, 저널리즘과 보도 분야의 리더인 여러분과 함께 일할 수 있는 기회를 갖고 싶습니다.

필수 표현

어휘 graduate from ~를 졸업하다 bachelor's degree 학사 학위 passionate 열정적인 ever since 그 이래 줄곧 even though 비록 ~일지라도 formal 공식적인 related to ~와 관련된 literature 문학 linguistic 언어학의 analyze 분석하다 catchphrase 유명문구 foundation 기초 when it comes to ~에 관한 publication 출판물 deadline 마감기한 make an effort 노력하다 passion 열정 align 부합하다 value 가치 journalism 저널리즘, 언론 reporting 보도

자기 소개 (경력)

서론	Good morning and thank you for having me here today. My name is Sofia Kim, and I'm currently working as a content marketer at Amazon. I've been working there for three years now, and in my current role, I help create engaging content for our social media pages and blog. 안녕하세요, 오늘 이 자리에 불러 주셔서 감사합니다. 저는 현재 아마존에서 콘텐츠 마케터로 일하고 있는 소피아 김입니다. 현재 3년째 근무하고 있으며, 소셜 미디어 페이지와 블로그를 위한 매력적인 콘텐츠 제작을 돕고 있습니다.
소개 1	One of my proudest achievements is that I led a rebranding campaign for our Instagram account dedicated to fashion. I was able to increase brand awareness by 25% and our follower count by over 50,000 followers. I've also worked on video projects for our YouTube channel and X page as well. I believe that I have strong leadership and strategic planning skills, which I know are very important for a marketing manager role. 제가 가장 자랑스럽게 생각하는 성과 중 하나는 패션 전용 인스타그램 계정의 리브랜딩 캠페인을 이끌었다는 점입니다. 이를 통해 브랜드 인지도를 25% 높이고 팔로워 수를 5만 명 이상 늘릴 수 있었습니다. 또한 유튜브 채널과 X 페이지의 동영상 프로젝트도 진행했습니다. 저는 마케팅 매니저 역할에 매우 중요한 리더십과 전략 기획 능력을 갖추고 있다고 생각합니다.
소개 2	I'm particularly skilled at building a community of loyal customers and working with influencers, and I'm looking to transition to a new opportunity where I can expand my skills even more. 저는 특히 단골 고객 커뮤니티를 구축하고 인플루언서들과 협력하는 데 능숙하며, 제 역량을 더욱 확장할 수 있는 새로운 기회로 전환하고자 합니다.
마무리	I'd love to work with Maelee Cosmetics because I love using your products, and I believe that my experience and skills align well with the needs of your team. I really hope I can use my expertise to help drive your marketing initiatives forward. 저는 귀사의 제품을 사용하는 것을 좋아하고 제 경험과 기술이 귀사의 팀의 요구와 잘 부합한다고 생각하기 때문에 메리 코스메틱스에서 함께 일하고 싶습니다. 제 전문 지식을 활용하여 귀사의 마케팅 계획을 추진하는 데 도움이 될 수 있기를 바랍니다.

필수 표현

어휘 strong 강력한, 강한 related to ~와 관련이 있는 when it comes to ~에 관한 한, ~에 대해서라면 quick learner 빨리 배우는 사람 dedicated to ~에 전념하는, 헌신하는

Unit 01 자기 소개   9

필수 표현

- thank you for having me
  초대/환대해 줘서 감사합니다 (= 면접 기회를 주셔서 감사합니다)

- I graduated from 학교 with 학사/석사 in 전공
  나는 ~학교 ~과 학사/석사를 취득했다

- when it comes to
  ~에 관한 한, ~에 대해서 라면

- make an effort to
  ~하려고 노력합니다

- I'm currently working as ~
  나는 현재 ~로 일하고 있습니다

- I've been working there for ~
  ~동안 일 해오고 있는 중입니다

연습 문제

주어진 문장을 알맞게 영작해 보세요.

1   안녕하세요, 오늘 이 자리에 불러 주셔서 감사합니다.

   _____

2   어렸을 때부터 영어에 대한 열정이 매우 컸습니다.

   _____

3   저는 빨리 배우고 마감일을 잘 지키는 편입니다.

   _____

4   또한 유튜브 채널과 X 페이지의 동영상 프로젝트도 진행했습니다.

   _____

5   제 경험과 기술이 귀사의 팀의 요구와 잘 부합한다고 생각합니다.

   _____

6   저는 현재 아마존에서 콘텐츠 마케터로 일하고 있습니다.

   _____

7   저는 현재 3년째 근무하고 있습니다.

   _____

모범 답안

1. Hi, thank you for having me here today.
2. I've always been very passionate about English ever since I was young.
3. I'm a quick learner and good at meeting deadlines.
4. I've also worked on video projects for our YouTube channel and X page as well.
5. I believe that my experience and skills align well with the needs of your team.
6. I'm currently working as a content marketer at Amazon.
7. I've been working there for three years now.

나만의 답변 만들기

앞서 배운 내용을 활용하여 나만의 답변을 만들어 보세요.

서론	
소개 1	
소개 2	
마무리	

질문 리스트

MP3 2_1

Why did you choose to apply to our company?
왜 저의 회사에 지원하기로 결정하셨나요?

What is your career plan after joining our company?
입사 후에 커리어 계획은 무엇인가요?

What is your long term/short term career goal/objective?
당신의 장기/단기 커리어 목표는 무엇인가요?

What are your immediate plans?
당신의 가장 가까운 계획은 무엇인가요?

답변 포인트

지원 동기

서론	• 지원 동기
동기1	• 지원 하는 회사의 [상품/컨텐츠/서비스]와 연관 지어 설명
동기2	• 지원 하는 회사의 [상품/컨텐츠/서비스]와 연관 지어 설명
마무리	• 나만의 업무 강점이 지원 직무에 적합한 점 어필, 입사 후 포부

입사 후 포부

포부	• 입사 직후 업무에 임하는 각오-배우는 자세, 빠른 적응, 적극적 참여
계획1	• 입사 후 중기 계획-자기 개발
계획2	• 입사 후 장기 계획-부서의 리더
마무리	• 입사 후 최종 목표-장기 경력 쌓기, 혁신적 마케팅 전략

합격 답변

지원 동기

서론	I applied to **KJX Electronics** because the position aligns with my career goals and values. 저는 제 커리어 목표와 가치관에 부합하는 직무이기 때문에 KJX 전자에 지원했습니다.
동기1	I was impressed with **your inclusive marketing strategy, especially the "Connected for All" campaign. The commercial about the family using your TV products felt nostalgic and is** the type of project I want to be part of. 저는 특히 '모두를 위한 연결' 캠페인과 같은 폭넓은 마케팅 전략에 깊은 인상을 받았습니다. TV 제품을 사용하는 가족에 관한 광고는 향수를 불러 일으키는 광고였으며 바로 이런 유형의 프로젝트에 참여하고 싶었습니다.
동기2	I admire your commitment to **customer satisfaction, seen in your active social media engagement and direct consumer interactions,** which build **trust in your products.** Additionally, I appreciate your fun company culture and emphasis on **employee development.** 적극적인 소셜 미디어 참여와 소비자들과의 직접적인 소통을 통해 제품에 대한 신뢰를 쌓아가는 고객 만족을 위한 노력에 감탄했습니다. 또한 즐거운 기업 문화와 직원 개발에 중점을 두는 점도 매우 마음에 들었습니다.
마무리	I believe my skills in **digital content creation, particularly with social media and marketing fashion products,** make me a strong fit for your team. 저의 디지털 콘텐츠 제작, 특히 소셜 미디어와 패션 제품 마케팅 능력은 팀에 매우 적합하다고 생각합니다.

필수 표현

어휘 apply to ~에 지원하다 align with ~ ~에 부합하다 value 가치관, 가치 be impressed with ~에 깊은 감명을 받다 inclusive 포괄적인 connected 관련이 있는 commercial 광고 nostalgic 향수 admire 감탄하며 바라보다 commitment 노력, 전념 satisfaction 만족감 interaction 소통 additionally 또한, 게다가 appreciate 인식하다 emphasis 강조 creation 제작

입사 후 포부

◁)) MP3 2_3

포부	Once I join your company as a **marketing assistant**, I plan to immerse myself in the role and learn as much as possible about **the company's marketing tools, strategies, and procedures.** I want to make sure I can quickly adapt, so I plan to participate actively in projects and receive feedback from experienced colleagues. 앞으로 제가 마케팅 어시스턴트로 입사하게 된다면 회사의 마케팅 도구, 전략 및 절차에 대해 최대한 많이 배우고 업무에 몰입하겠습니다. 빠르게 적응할 수 있도록 프로젝트에 적극적으로 참여하고 경험 많은 동료들의 피드백을 받을 것입니다.
계획 1	By the time it becomes to medium term, I hope that I can take on more responsibilities and hone my skills in areas like **international marketing and data analysis.** I also plan to keep improving myself by taking online courses and earning **various marketing** certifications. 입사 중기가 되면 해외 마케팅이나 데이터 분석과 같은 분야에서 더 많은 책임을 맡아서 제 역량을 키우고 싶습니다. 또한 온라인 강좌를 수강하고 다양한 마케팅 자격증을 취득하여 스스로를 계속 발전시켜 나갈 계획입니다.
계획 2	In the long term, I hope to grow within the company and eventually take on a leadership role in **the marketing department.** My goal is to head creative marketing strategies that drive the company's growth and success. 장기적인 목표는 회사 내에서 성장하여 궁극적으로 마케팅 부서에서 리더 역할을 하는 것입니다. 제 목표는 회사의 성장과 성공을 이끄는 창의적인 마케팅 전략을 이끄는 것입니다.
마무리	I'm particularly excited about **the potential to work on reaching a global audience outside of Asia and** believe that with dedication and hard work, I can make a significant impact here. Overall, I'd love to build a long-term career with your company and contribute to your innovative and fun marketing initiatives. 저는 특히 아시아를 넘어 전 세계 고객에게 다가갈 수 있는 가능성에 대해 기대가 크며, 제가 헌신적으로 열심히 일한다면 이곳에서 큰 영향력을 발휘할 수 있다고 믿습니다. 전반적으로 저는 이 회사에서 장기적인 경력을 쌓고 혁신적이고 재미있는 마케팅 전략에 기여하고 싶습니다.

필수 표현

어휘 immerse ~에 몰입하다 strategy 전략 procedure 절차 adapt 적응하다 actively 적극적으로 experienced 경험이 있는 hone 연마하다 analysis 분석 certification 자격증 head ~을 이끌다 growth 성장 particularly 특히 potential 잠재적인 reach ~에 이르다 dedication 전념 significant 중요한 impact 영향 build 쌓다 contribute 기여하다 innovative 혁신적인 initiatives 계획

필수 표현

- **align with ~**
  ~에 부합합니다

- **be impressed with ~**
  ~에 감탄했습니다

- **be part of**
  참여합니다

- **commitment**
  노력, 전념

- **make me a strong fit for your team**
  팀에 매우 적합하다고 생각합니다

연습 문제

주어진 문장을 알맞게 영작해 보세요.

1   저는 제 커리어 목표와 가치관에 부합하는 직무이기 때문에 KJX 전자에 지원했습니다.

_____

2   이런 유형의 프로젝트에 참여하고 싶었습니다.

_____

3   저는 폭넓은 마케팅 전략에 깊은 인상을 받았습니다.

_____

4   저의 디지털 콘텐츠 제작 능력은 팀에 매우 적합하다고 생각합니다.

_____

5   빠르게 적응할 수 있도록 프로젝트에 적극적으로 참여하겠습니다.

_____

6   다양한 마케팅 자격증을 취득하여 스스로를 계속 발전시켜 나갈 계획입니다.

_____

7   저는 이 회사에서 장기적인 경력을 쌓고 혁신적인 마케팅 전략에 기여하고 싶습니다.

_____

모범 답안

1. I applied to KJX Electronics because the position aligns with my career goals and values.
2. The type of project I want to be part of.
3. I was impressed with your inclusive marketing strategy.
4. I believe my skills in digital content creation make me a strong fit for your team.
5. I want to make sure I can quickly adapt, so I plan to participate actively in projects.
6. I plan to keep improving myself by earning various marketing certifications.
7. I'd love to build a long-term career with your company and contribute to your innovative marketing initiatives.

나만의 답변 만들기

앞서 배운 내용을 활용하여 나만의 답변을 만들어 보세요.

서론	
본론	
마무리	

Unit 03 장/단점, 대외 활동

질문 리스트

🔊 MP3 3_1

What are your strengths?
당신의 강점은 무엇인가요?

What are your weaknesses?
당신의 약점은 무엇인가요?

What is the most important criteria for you when choosing activities to do outside of work?
대외 활동을 선택할 때 가장 중요한 기준은 무엇인가요?

What activities do you participate in outside of work, and how or why do choose to do them?
어떤 대외 활동에 참여하고, 어떻게 또는 왜 활동을 선택하나요?

답변 포인트

장점 (협력적)

서론	• 지원하는 직무와 연관된 장점-협업
예시	• 장점과 관련된 구체적 예시/과거 경험 　- 대학 생활, 파트타이머, 대외 활동, 개인 활동
마무리	• 본인의 강점이 지원한 직무에 도움이 되는 점 어필

장점 (창의적, 혁신적)

서론	• 지원하는 직무와 연관된 장점-창의적 문제 해결 능력
예시	• 장점과 관련된 구체적 예시/과거 경험 　- 대학 생활, 파트타이머, 대외 활동, 개인 활동
마무리	• 본인의 강점이 지원한 직무에 도움이 되는 점 어필

단점 (자기 비판적, 완벽주의)

서론	• 본인의 약점 소개-자기비판적/완벽주의적 성격
예시	• 약점이 업무에 미치는 긍정적 영향
개선	• 약점을 개선하기 위한 노력-긍정적인 생각
마무리	• 약점의 긍정적 영향 유지, 부정적인 면 개선

대외 활동 선택 시 가장 중요한 기준

서론	• 지원하는 직무와 연관된 대외 활동 소개
예시	• 대외 활동에서의 활약-디자인 대회 참가, 온라인 포럼 작품 제출
마무리	• 지원하는 직무에 도움이 되는 점 어필-창의력, 예술적 감각

합격 답변

장점 (협력적)

🔊 MP3 3_2

서론	I think one of my key strengths is that I know how to collaborate effectively with others. I tend to thrive in team environments and really enjoy working with diverse people to achieve a common goal. 저의 주요 강점 중 하나는 다른 사람들과 효과적으로 협업하는 방법을 알고 있다는 점이라고 생각합니다. 저는 팀 환경에서 뛰어난 능력을 발휘하는 편이고 다양한 사람들과 함께 공동의 목표를 달성하기 위해 일하는 것을 정말 좋아합니다.
예시	For instance, when I was in university, I had a group project where we had to create a comprehensive marketing plan for a local business. I took the initiative to organize weekly team meetings and made sure that everyone's ideas were heard and integrated into our plan. By encouraging each team member to communicate openly and share their unique strengths, we were able to create a highly effective marketing strategy that impressed both our professor and the business owner. 예를 들어 대학에 다닐 때 지역 기업의 종합적인 마케팅 계획을 수립해야 하는 그룹 프로젝트가 있었습니다. 저는 주도적으로 매주 팀 회의를 주재하고 모든 사람의 아이디어를 듣고 계획에 반영할 수 있도록 했습니다. 각 팀원들이 열린 마음으로 소통하고 각자의 강점을 공유하도록 장려함으로써 교수님과 사업주 모두에게 깊은 인상을 남긴 매우 효과적인 마케팅 전략을 만들 수 있었습니다.
마무리	This experience really showed me the power of good teamwork and collaboration. 이 경험을 통해 좋은 팀워크와 협업의 힘을 실감할 수 있었습니다.

필수 표현

어휘 collaborate 협력하다 effectively 효과적으로 tend to ~하는 경향이 있다 thrive 발휘하다 diverse 다양한 achieve 성취하다, 달성하다 common 공동의 comprehensive 종합적인 initiative 계획 organize 조직하다, 준비하다 integrate 통합시키다 encourage 장려하다 openly 공개적으로 unique 고유의 highly 매우 impressed 인상 깊게 생각하는 collaboration 협력

장점 (창의적, 혁신적)

서론	Another strength of mine is that I'm creative and like to think outside of the box. I think I'm pretty good at coming up with unique solutions to problems. 저의 또 다른 강점은 창의적이고 틀에서 벗어난 생각을 하는 것을 좋아한다는 점입니다. 저는 문제에 대한 독특한 해결책을 생각해내는 데 꽤 능숙하다고 생각합니다.
예시	For example, when I was in charge of **managing the social media page of my university photography club**, I noticed that our engagement numbers were really low. To change this, I launched a small photography contest where students could participate to earn gift cards and prizes. This initiative not only boosted our follower count by 35% but also improved our engagement rates and made our club more visible to many students who didn't know about us before. 예를 들어, 대학교 사진 동아리의 소셜 미디어 페이지 관리를 담당하고 있을 때 참여율이 매우 저조하다는 것을 알게 되었습니다. 이를 개선하기 위해 저는 학생들이 기프트 카드와 상품을 받을 수 있는 소규모 사진 콘테스트를 시작했습니다. 이 계획을 통해 팔로워 수가 35% 증가했을 뿐만 아니라 참여도 향상되었고, 이전에 우리 동아리를 몰랐던 많은 학생들에게 우리 동아리를 더 잘 알릴 수 있었습니다.
마무리	I believe that when marketing any service, product, or event, being creative yet practical is essential to **capture an audience's attention**. I'd love to bring these qualities to your team, if given the opportunity. 저는 서비스, 제품, 이벤트를 마케팅 할 때 창의적이면서도 실용적인 것이 고객의 관심을 끌기 위해 필수적이라고 생각합니다. 기회가 주어진다면 이러한 자질을 팀에 접목하고 싶습니다.

필수 표현

어휘 come up with 생각해 내다 be good at ~에 능숙하다 in charge of ~을 맡아서 manage 관리하다 notice 알아챔

engagement 참여 launch 시작하다 participate 참여하다 earn 얻다 boost 증가시키다 improved 향상시키다 visible

(눈에) 보이는 practical 실용적인 essential 필수적인 attention 관심 quality 양질

단점 (자기 비판적)

서론	One of my weaknesses is that I'm sometimes overly critical of myself. I tend to set very high standards for myself and can be quite hard on myself when I'm not able to meet them. This sometimes leads to unnecessary stress and makes me feel less confident in myself. 제 약점 중 하나는 제 자신에 대해 지나치게 비판적일 때가 있다는 것입니다. 스스로에게 매우 높은 기준을 설정하는 경향이 있고, 그 기준을 충족하지 못하면 스스로에게 상당히 가혹할 때도 있습니다. 이로 인해 불필요한 스트레스를 받고 제 스스로에 대한 자신감이 떨어지기도 합니다.
예시	**For instance, after completing a project, I** tend to think more about what could have been done better **rather than celebrating what went well.** I have a lot more regrets instead of compliments for myself when I accomplish something. 예를 들어, 프로젝트를 완료한 후에는 잘된 점을 축하하기보다는 더 잘할 수 있었던 점을 더 많이 생각하는 경향이 있습니다. 무언가를 성취했을 때 스스로를 칭찬하기보다는 후회하는 경우가 훨씬 더 많습니다.
개선	To fix this mindset, I've been working on developing a more balanced perspective. I've started practicing self-compassion and learning how to think more positively. 이러한 사고방식을 고치기 위해 저는 보다 균형 잡힌 관점을 개발하기 위해 노력해왔습니다. 자기 연민을 실천하고 더 긍정적으로 생각하는 방법을 배우기 시작했습니다.
마무리	When it comes to **marketing,** I know that not everything is always going to go according to plan and that I should know how to learn from both successes and failures without being overly critical. By managing my self-criticism, I can maintain a positive attitude, which will help me be more productive and remain resilient when challenges or problems arise. 마케팅에 관해서는 모든 것이 항상 계획대로 진행되는 것은 아니며, 지나치게 비판적이지 않고 성공과 실패로부터 배울 줄 알아야 한다는 것을 알고 있습니다. 자기 비판을 잘 다룸으로써 긍정적인 태도를 유지할 수 있고, 이는 생산성을 높이고 도전이나 문제가 발생했을 때 회복력을 유지하는 데 도움이 됩니다.

필수 표현

어휘 weaknesses 약점 overly 너무, 몹시 critical 비판적인 standard 기준 unnecessary 불필요한 confident 자신감 있는 complete 완료하다 rather than 보다는 celebrate 축하하다 regret 후회하다 compliment 칭찬 accomplish 성취하다 fix 고치다 develop 성장하다 perspective 관점 self-compassion 자기 연민 positively 긍정적으로 when it comes ~에 관해 accord 부합하다 failure 실패 self-criticism 자기 비판 productive 생산적인 resilient 회복력 있는 arise 발생하다

서론	Something that I'm working on is being a perfectionist. I'm someone who always wants to make sure that everything I do is perfect, but in reality, I know that this is technically impossible. 제가 하고 있는 일은 완벽주의자가 되는 것입니다. 저는 항상 제가 하는 모든 일이 완벽한지 확인하고 싶은 사람이지만, 현실적으로 이것이 기술적으로 불가능하다는 것을 알고 있습니다.
예시	For example, in my previous role as a project manager, I was working on a major presentation for a client. I was so focused on making sure that every slide was flawless that I ended up working late for several nights in a row, which ended up impacting my work-life balance. 예를 들어, 이전에 프로젝트 매니저로 일했을 때, 저는 고객을 위한 주요 프레젠테이션을 진행하고 있었습니다. 저는 모든 슬라이드에 흠이 없는지 확인하는 데 너무 집중했기 때문에 결국 며칠 동안 연속으로 야근을 했고, 이는 제 일과 삶의 균형에 영향을 미쳤습니다.
개선	Even though I was able to pull off a successful presentation, I realized that this level of perfectionism isn't always sustainable. Since then, I've been trying to implement strategies to manage my perfectionist tendencies. I've learned to set more realistic goals for myself and to prioritize tasks more effectively. 비록 성공적인 프레젠테이션을 할 수는 있었지만, 이 정도의 완벽주의가 항상 지속 가능한 것은 아니라는 걸 깨달았습니다. 이후 저는 완벽주의 성향을 관리하기 위한 전략을 시도하고 있습니다. 스스로에게 더 현실적인 목표를 설정하고 더 효율적으로 과제를 수행하는 법을 배웠습니다.
마무리	I always thought that my attention to detail is a great asset that ensures thoroughness and accuracy, but now I balance it with efficiency. I think this has not only helped me meet deadlines more comfortably but also improved my team's overall productivity. 항상 디테일에 신경 쓰는 것이 철저함과 정확성을 보장하는 훌륭한 자산이라고 생각했는데, 지금은 효율성과 균형을 맞추게 되었습니다. 이를 통해 마감일을 좀 더 편하게 맞출 수 있었을 뿐만 아니라 팀의 전반적인 생산성이 향상되었다고 생각합니다.

필수 표현

어휘 perfectionist 완벽주의자 technically 기술적으로 impossible 불가능한 previous 이전의 flawless 흠 end up 결국 (어떤 처지에) 처하게 되다 in a row 연속으로 impact 영향을 주다 balance 균형 pull off 해내다 realize 깨닫다 sustainable 지속 가능한 implement 시행하다 tendency 경향 realistic 현실적인 prioritize 우선순위를 매기다 asset 자산 ensure 보장하다 thoroughness 철저함 accuracy 정확성 meet 충족하다 comfortably 편안하게 productivity 생산

대외 활동 경험

서론	When it comes to **choosing how to spend my time outside of work,** I usually consider activities that are not only fun for me personally but also align with my professional interests in one way or another.
	업무 외 시간을 보내는 방법을 선택할 때는 개인적으로 재미있을 뿐만 아니라 어떤 식으로든 제 직업적 관심사와 일치하는 활동을 주로 고려합니다.
예시	**For example,** I love drawing and creating graphic designs. It's soothing to me and something I've done ever since I was little. Sometimes, I like to enter drawing or design competitions or submit my artwork to get reviewed by other artists online. There are many forums for amateur artists online these days, especially on social media.
	예를 들어 저는 그림 그리기와 그래픽 디자인 제작을 좋아합니다. 제게는 힐링이 되고 어렸을 때부터 해온 일이기도 합니다. 가끔은 그림이나 디자인 대회에 참가하거나 온라인에서 다른 아티스트들의 평가를 받기 위해 작품을 제출하는 것을 좋아합니다. 요즘에는 특히 소셜 미디어에 아마추어 아티스트를 위한 온라인 포럼이 많이 있습니다.
마무리	By practicing drawing, I can also improve **my marketing techniques and create materials that are visually attractive and connect with the target audience. Even outside of work, I always try to invest time to nurture my creativity and artistic side, which** I feel will definitely benefit my marketing skills if given the chance to work here.
	그림 연습을 통해 마케팅 기술을 향상시키고 시각적으로 매력적이고 타겟 고객과 소통할 수 있는 자료를 만들 수 있습니다. 업무 외의 시간에도 항상 창의력과 예술적인 면을 키우기 위해 시간을 투자하려고 노력하는데, 여기서 일할 기회가 주어진다면 마케팅 스킬에 큰 도움이 될 것 같습니다.

필수 표현

어휘 when it comes to ~에 관해 consider 고려하다 personally 개인적으로 sooth 진정시키다 competition 경쟁 submit 제출하다 review 검토 improve 향상시키다 material 자료 visually attractive 시각적으로 매력적인 connect 연결하다 invest 투자하다 nurture 양육하다, 보살피다 artistic 예술의 definitely 분명히

필수 표현

- attentive and detail-oriented
  신중하고 꼼꼼함

- patient
  인내심

- collaborative
  협력적인

- creative
  창의적인

- empathetic
  공감 능력이 뛰어남

- entrepreneurial
  사업가 정신

- flexible and versatile
  유연하고 다재다능함

- honest
  정직한

- innovative
  혁신적인

- I think one of my key strengths is that ~
  저의 주요 강점 중 하나는 ~라고 생각합니다

- collaborate effectively
  효과적으로 협업합니다

- I tend to thrive in ~
  ~에서 뛰어난 능력을 발휘하는 편입니다

- This experience showed me ~
  이 경험을 통해 ~을 실감할 수 있었습니다

- competitive
  경쟁적, 경쟁적인

- perfectionism
  완벽주의

- self-criticism
  자기 비판

- impatience
  조급함

- overcommitment
  과잉 헌신

- detail orientation
  디테일 지향

- saying 'No'
  거절하기

- risk aversion
  위험 회피

연습 문제

주어진 문장을 알맞게 영작해 보세요.

1 저의 주요 강점 중 하나는 다른 사람들과 효과적으로 협업하는 방법을 알고 있다는 점이라고 생각합니다.

_____

2 저는 다양한 사람들과 함께 공동의 목표를 달성하기 위해 일하는 것을 정말 좋아합니다.

_____

3 이 경험을 통해 좋은 팀워크와 협업의 힘을 실감할 수 있었습니다.

_____

4 기회가 주어진다면 이러한 자질을 팀에 접목하고 싶습니다.

_____

5 이러한 사고방식을 고치기 위해 저는 보다 균형 잡힌 관점을 개발하기 위해 노력해왔습니다.

_____

6 자기 비판을 관리함으로써 긍정적인 태도를 유지할 수 있습니다.

_____

7 스스로에게 매우 높은 기준을 설정하는 경향이 있습니다.

_____

모범 답안

1. I think one of my key strengths is that I know how to collaborate effectively with others.
2. I really enjoy working with diverse people to achieve a common goal.
3. This experience really showed me the power of good teamwork and collaboration.
4. I'd love to bring these qualities to your team, if given the opportunity.
5. To fix this mindset, I've been working on developing a more balanced perspective.
6. By managing my self-criticism, I can maintain a positive attitude.
7. I tend to set very high standards for myself.

나만의 답변 만들기

앞서 배운 내용을 활용하여 나만의 답변을 만들어 보세요.

서론	
본론	
마무리	

Unit 04 경험

질문 리스트
🔊 MP3 4_1

What are your biggest achievements so far?
지금까지 가장 큰 성과는 무엇인가요?

Can you give me an example of a time when you performed well under pressure?
압박감 속에서 좋은 성적을 냈던 때의 예를 들어 보시겠습니까?

How have you handled a challenge in the workplace before?
이전에 직장에서 문제를 해결했던 적이 있나요?

답변 포인트

지금까지의 가장 큰 성과

서론	• 성취 경험 소개-인턴십
예시	• 맡았던 역할 및 활약-데이터 분석, 신문 기사 언급
마무리	• 경험으로 얻은 것, 느낀 점

압박감 극복 경험

서론	• 어려웠던 상황 설명
예시	• 어려웠던 상황 극복-팀 협력, 일정 관리
마무리	• 이를 통해 배운 점-시간 관리, 소통의 중요성

합격 답변

지금까지의 가장 큰 성과

서론	One of my biggest accomplishments was when **I led a successful research project during my internship at ACR Financial Services.** 가장 큰 성과 중 하나는 ACR 금융 서비스에서 인턴십을 하면서 성공적인 연구 프로젝트를 이끌었을 때였습니다.
예시	**I was assigned to** analyze how certain government policies would affect small businesses in my community. I used economy-related theories and analyzed statistical data to predict economic trends. I also drafted an action plan that helped shape policy recommendations. 저는 특정 정부 정책이 지역사회의 중소기업에 어떤 영향을 미칠지 분석하는 임무를 맡았습니다. 저는 경제 관련 이론을 활용하고 통계 데이터를 분석하여 경제 동향을 예측했습니다. 또한 정책 권장 사항을 구체화하는 데 도움이 되는 실행 계획 초안을 작성했습니다.
마무리	This experience equipped me with **strong analytical and research skills, which I know are very important for the economic analyst position here.** 이 경험을 통해 저는 강력한 분석 및 조사 기술을 갖추게 되었고, 이는 경제 분석가 직책에 매우 중요하다는 것을 알고 있습니다.

필수 표현

어휘   accomplishment 성취 research 연구 Financial Service 금융 서비스 be assigned to ~에 배정되다 certain 특정한
government 정부 affect 영향을 미치다 theory 이론 statistical 통계학적 predict 예측하다 draft 원고, 초안
shape 형성하다 recommendation 권장 equip with ~을 갖추다 analytical 분석적인 economic 경제의 analyst 분석가

압박감 극복 경험

서론	During my last semester at university, I had to work on a big group project while also preparing for final exams and working part-time all at once. 대학 마지막 학기에는 기말고사 준비와 아르바이트를 동시에 하면서 대규모 그룹 프로젝트를 진행해야 했습니다.
예시	The project had a really tight deadline, and I was the one in charge of compiling the research and designing the presentation. To manage everything on my plate, I broke down each of my tasks into smaller parts and made sure to stay ahead of schedule in case something goes wrong down the line. 이 프로젝트의 마감 기한은 매우 촉박했고, 저는 연구 자료를 정리하고 프레젠테이션을 디자인하는 일을 담당했습니다. 모든 것을 관리하기 위해 각 작업을 세분화하여 진행 중 문제가 발생할 경우를 대비해 일정을 앞당겼습니다.
마무리	Thanks to my ability to stay organized and communicate clearly even in high pressure situations, I could manage both my academic and work responsibilities well. It was definitely a hectic week overall, but it reminded me that anything is possible as long as I put my mind to it. 스트레스가 많은 상황에서도 체계적으로 정리하고 명확하게 의사소통하는 능력 덕분에 학업과 업무 모두를 잘 관리할 수 있었습니다. 전체적으로 정신없이 바쁜 한 주였지만, 마음만 먹으면 무엇이든 가능하다는 것을 다시 한번 깨달았습니다.

필수 표현

어휘 prepare 준비하다 at once 동시에 tight 빽빽이 deadline 마감기한 in charge of ~을 맡아서 compile 편집하다 manage 관리하다 break- down 분해되다 ahead of ~보다 빨리 go wrong 일이 잘못되다 ability 능력 organize 정리하다 responsibility 책임감 definitely 확실히 hectic 정신없이 바쁜 remind 상기시키다

필수 표현

- one of my biggest accomplishments was when ~
  가장 큰 성과 중 하나는 ~ 했을 때였습니다

- I was assigned to ~
  ~하는 임무를 맡았습니다

- this experience equipped me with ~
  이 경험을 통해 ~을 갖추게 되었습니다

- tight deadline
  촉박한 마감 기한

- to manage everything on my plate,
  모든 것을 관리하기 위해

- break down ~ into ~
  ~을 세분화하다

- thanks to my ability to ~
  ~한 능력 덕분에

- the most important factors
  가장 중요한 요소

연습 문제

주어진 문장을 알맞게 영작해 보세요.

1   가장 큰 성과 중 하나는 인턴십을 하면서 성공적인 연구 프로젝트를 이끌었을 때였습니다.

2   이 경험을 통해 저는 강력한 분석 및 조사 기술을 갖추게 되었습니다.

3   이 프로젝트의 마감 기한은 매우 촉박했습니다.

4   모든 것을 관리하기 위해 각 작업을 세분화했습니다.

5   마음만 먹으면 무엇이든 가능하다는 것을 다시 한번 깨달았습니다.

6   저는 연구 자료를 정리하고 프레젠테이션을 디자인하는 일을 담당했습니다.

7   전체적으로 정신없이 바쁜 한 주였습니다.

모범 답안

1. One of my biggest accomplishments was when I led a successful research project during my internship.
2. This experience equipped me with strong analytical and research skills.
3. The project had a really tight deadline.
4. To manage everything on my plate, I broke down each of my tasks into smaller parts.
5. It reminded me that anything is possible as long as I put my mind to it.
6. I was the one in charge of compiling the research and designing the presentation.
7. It was definitely a hectic week overall.

나만의 답변 만들기

앞서 배운 내용을 활용하여 나만의 답변을 만들어 보세요.

서론	
예시	
마무리	

5/10년 후 본인의 모습(커리어 목표)

질문 리스트

MP3 5_1

Where do you see yourself in 5 years?
5년 후 자신의 모습은 어떤 모습일까요?

What are your goals in 5 years horizon?
5년 후의 본인의 목표는 무엇인가요?

Where do you see yourself in 10 years?
10년 후 자신의 모습은 어떤 모습일까요?

What are your goals in 10 years horizon?
10년 후의 본인의 목표는 무엇인가요?

답변 포인트

5년 후 모습

서론	• 지원하는 회사에서의 5년 후 목표-부서의 리더
목표	• 지원하는 직무의 전문가 목표
예시	• 전문가가 되기 위한 노력-교육 프로그램, 워크숍, 멘토링
마무리	• 지원하는 회사의 성장과 개인의 목표 달성

10년 후 모습

서론	• 지원하는 회사에서의 10년 후 목표- 시니어 리더
목표1	• 목표를 달성하기 위한 구체적 노력 • 기술 및 지식 개발, 리더십 교육
목표2	• 목표를 달성하기 위한 구체적 노력-업계 최신 동향 파악
마무리	• 지원하는 회사의 성장과 개인의 목표 달성

합격 답변

5년 후 모습

MP3 5_2

서론	In five years, I imagine that I'll be fully integrated and growing within **BNG Tech**. I'm excited about the opportunity to start my career here and would love to contribute to the company's success. While developing my skills and expertise in **marketing**, I want to eventually take on leadership roles within the department. 5년 후에는 제가 BNG테크에 완전히 적응하고 성장하고 있을 거라고 생각합니다. 이곳에서 커리어를 시작할 수 있는 기회를 얻게 되어 기쁘고 회사의 성공에 기여하고 싶습니다. 마케팅 분야에서 제 기술과 전문성을 개발하면서 궁극적으로는 부서 내에서 리더십 역할을 맡고 싶습니다.
목표	My goal is to become a valuable asset and a true professional at **marketing, by mastering various marketing strategies and managing large-scale campaigns.** I believe that BNG Tech's innovative approach to household appliances and commitment to creating high-quality products align well with my career aspirations. 다양한 마케팅 전략을 습득하고 대규모 캠페인을 관리하여 마케팅의 소중한 자산이자 진정한 전문가가 되는 것이 저의 목표입니다. 생활가전에 대한 BNG테크의 혁신적인 접근 방식과 고품질 제품을 만들기 위한 노력이 저의 커리어 목표와 잘 부합한다고 생각합니다.
예시	I especially resonate with **your company's mission toward sustainability and love how you guys make an effort to use renewable and recyclable materials in your products.** I want to contribute my own fresh ideas to your mission. In order to develop in this position and reach my goal, I plan to participate in **training programs, workshops, and mentorship activities.** I really hope I can take on challenging projects that will push me to be more creative and resilient in this field. 특히 지속 가능성을 향한 귀사의 미션에 공감하며, 제품에 재생 및 재활용 가능한 소재를 사용하기 위해 노력하는 모습이 좋았습니다. 저만의 참신한 아이디어를 여러분의 미션 달성에 기여하고 싶습니다. 이 직책에서 발전하고 목표를 달성하기 위해 교육 프로그램, 워크숍, 멘토링 활동 등에 참여할 계획입니다. 이 분야에서 더 창의적이고 탄력적인 사람이 될 수 있도록 도전적인 프로젝트에 참여할 수 있기를 바랍니다.
마무리	By growing within BNG Tech, I believe that I can achieve my personal and professional goals by striving for the company's success **in various marketing efforts.** I'm confident that this mutually beneficial relationship will bring positive outcomes over the next five years. BNG테크에서 성장하면서 다양한 마케팅 활동을 통해 회사의 성공을 위해 노력함으로써 개인적, 직업적 목표를 달성할 수 있다고 믿습니다. 이러한 상호 이익이 되는 관계가 향후 5년 동안 긍정적인 결과를 가져올 것이라고 확신합니다.

필수 표현

10년 후 모습

서론	In ten years, I see myself continuing to grow and make significant contributions within **JDV Biotech.** My goal is to build a long-term career here, and I'm excited about the opportunities for advancement and development. I hope that I can become a senior leader in the marketing department, such as the Marketing Director. I would like to lead major marketing initiatives and contribute to the overall strategic direction of the company.
	10년 후에도 저는 계속해서 성장하며 JDV 바이오테크에서 중요한 기여를 하고 있을 것입니다. 제 목표는 이곳에서 장기적인 경력을 쌓는 것이며, 발전과 발전의 기회에 대한 기대가 큽니다. 마케팅 디렉터와 같은 마케팅 부서의 시니어 리더가 되고 싶습니다. 주요 마케팅 계획을 이끌고 회사의 전반적인 전략적 방향에 기여하고 싶습니다.
목표 1	I plan to continuously develop my skills and knowledge through ongoing education, certifications, and hands-on experience. I want to participate in leadership training programs and receive mentorship from experienced leaders within the company.
	지속적인 교육, 자격증 취득, 실무 경험을 통해 기술과 지식을 지속적으로 개발할 계획입니다. 리더십 교육 프로그램에 참여하여 회사 내 경험 많은 리더들로부터 멘토링을 받고 싶습니다.
목표 2	Also, since I have an inherent interest in this field, I always stay up to date with the latest industry trends and innovations, so I plan to apply this active learning to create forward-thinking and impactful strategies in marketing.
	또한 이 분야에 관심이 많아서 항상 최신 업계 동향과 혁신에 대한 최신 정보를 파악하고 있기 때문에 이러한 적극적인 학습을 통해 미래지향적이고 영향력 있는 마케팅 전략을 수립하는 데 활용할 계획입니다.
마무리	By growing within JDV Biotech and eventually taking on a senior leadership role, I feel like I can significantly contribute to the company's success. My passion for **biomedicine** is a valuable asset, so I hope that this mutually beneficial relationship will allow me to achieve my professional goals while making a lasting impact on the company's future.
	JDV 바이오테크에서 성장하여 결국에는 고위 임원직을 맡게 된다면 회사의 성공에 크게 기여할 수 있을 것 같습니다. 바이오 의학에 대한 저의 열정은 소중한 자산이므로, 이러한 상호 이익이 되는 관계를 통해 저의 직업적 목표를 달성하는 동시에 회사의 미래에 지속적인 영향을 미칠 수 있기를 바랍니다.

필수 표현

어휘 significant 중요한 contribution 공헌, 기여 such as ~와 같은 initiative 주도 strategic 전략적인 continuously 연달아 ongoing 지속적인 hands-on 직접 해 보는 stay up to date 최신 정보를 유지하다 innovation 혁신 forward-thinking 진보적인 impactful 영향력이 강한 valuable 소중한 asset 자산 mutually 상호 간에 beneficial 이로운 lasting 지속적인

Unit 05 5/10년 후 본인의 모습(커리어 목표) 37

필수 표현

- integrate
  적응하다, 통합되다

- I would love to contribute to this company's success
  회사의 성공에 기여하고 싶습니다

- a valuable asset
  소중한 자산

- resonate with
  ~와 공감하다

- achieve my personal and professional goals by ~ing
  ~함으로써 개인적, 직업적 목표를 달성하다

연습 문제

주어진 문장을 알맞게 영작해 보세요.

1 5년 후에는 제가 BNG테크에 완전히 적응하고 성장하고 있을 거라고 생각합니다.

_____

2 이곳에서 커리어를 시작할 수 있는 기회를 얻게 되어 기쁩니다.

_____

3 궁극적으로는 부서 내에서 리더십 역할을 맡고 싶습니다.

_____

4 마케팅의 소중한 자산이자 진정한 전문가가 되는 것이 저의 목표입니다.

_____

5 저만의 참신한 아이디어를 여러분의 미션 달성에 기여하고 싶습니다.

_____

6 리더십 교육 프로그램에 참여하여 회사 내 경험 많은 리더들로부터 멘토링을 받고 싶습니다.

_____

7 이러한 적극적인 학습을 통해 미래지향적이고 영향력 있는 마케팅 전략을 수립하는 데 활용할 계획입니다.

_____

모범 답안

1. In five years, I imagine that I'll be fully integrated and growing within BNG Tech.
2. I'm excited about the opportunity to start my career here.
3. I want to eventually take on leadership roles within the department.
4. My goal is to become a valuable asset and a true professional at marketing.
5. I want to contribute my own fresh ideas to your mission.
6. I want to participate in leadership training programs and receive mentorship from experienced leaders.
7. I plan to apply this active learning to create impactful strategies in marketing.

모범 답안

나만의 답변 만들기

앞서 배운 내용을 활용하여 나만의 답변을 만들어 보세요.

서론	
본론	
마무리	

인간 관계 및 개인성향, 스트레스 관리

질문 리스트

🔊 MP3 6_1

How was your working relationship with previous colleagues?
이전 동료들과의 업무 관계는 어땠나요?

If you could change one thing about your personality, what would it be?
만약 당신이 본인의 성격에 대해 한 가지를 바꿀 수 있다면 그것은 무엇인가요?

How can you manage your stress?
스트레스 관리를 어떻게 하나요?

Can you tell me about a stressful scenario in the past and how you handled it?
과거에 스트레스를 받았던 일과 어떻게 대처했는지 말씀해 주시겠어요?

답변 포인트

동료들과의 인간 관계

서론	• 이전 직장 동료들과의 관계와 분위기 설명
예시	• 동료들과 있었던 예시-협동력, 커뮤니케이션 능력 어필
배운 점	• 동료들과의 경험으로 배운 점-커뮤니케이션 중요성, 대인 관계 기술
마무리	• 지원하는 회사에 긍정적인 기여할 수 있는 점 어필

개인 성향 (바꾸고 싶은 성향)

서론	• 바꾸고 싶은 점-단점이자 장점
예시	• 본인의 성향의 단점 및 보완점 설명
마무리	• 단점을 보완하기 위한 노력 및 결과

스트레스 관리 (직장인)

서론	• 스트레스 받았던 상황 설명-직장에서 바쁜 시즌
예시	• 스트레스 관리 예시-부모님께 전화, 친구들과 수다
마무리	• 사람들과의 대화를 통해 얻은 결과-스트레스 해소와 긍정적 시각 유지

스트레스 관리 (학생)

서론	• 스트레스 받았던 상황 설명-아르바이트, 학업, 친구와의 갈등
예시	• 스트레스 관리 예시-일기 작성을 통한 생각과 감정 정리
마무리	• 일기 작성을 통해 얻은 결과-스트레스 해소와 감정 컨트롤

합격 답변

동료들과의 인간 관계

◁)) MP3 6_2

서론	My working relationship with my colleagues **at the café** was positive and friendly. We had a supportive team environment that made working there very comfortable and enjoyable. 카페에서 일하는 동료들과의 관계는 긍정적이고 친근했습니다. 서로를 지원하는 팀 환경 덕분에 매우 편안하고 즐겁게 일할 수 있었습니다.
예시	For example, during busy periods, we worked together well to make sure that orders were taken and delivered as fast as possible. We communicated with each other clearly to manage our tasks. So, one person would be handling the register while a few others were preparing drinks, and then another person would be in the back refilling items and keeping things in full stock. If anyone needed help, those with a bit more flexibility to do so would step in and fulfill any urgent tasks. 예를 들어, 바쁜 시기에는 가능한 한 빨리 주문을 받고 배송하기 위해 서로 잘 협력했습니다. 우리는 서로 명확하게 소통하며 업무를 관리했습니다. 그래서 한 명이 계산대를 관리하는 동안 다른 몇 명이 음료를 준비하면 다른 한 명은 뒤에서 물건을 리필하고 재고를 보충했습니다. 도움이 필요한 사람이 있으면 조금 더 유연하게 대처할 수 있는 사람이 나서서 긴급한 작업을 수행했습니다.
배운 점	Since I've experienced even the most hectic and busy days, I learned the importance of clear communication when things are especially chaotic. Also, working with a diverse group of people really helped me to develop my interpersonal skills and the ability to interact with different personalities. 아무리 바쁘고 정신없이 바쁜 날도 경험했기 때문에 특히 혼란스러울 때 명확한 의사소통이 중요하다는 것을 배웠습니다. 또한 다양한 사람들과 함께 일하면서 대인관계 기술과 다양한 개성을 가진 사람들과 소통하는 능력을 키우는 데 큰 도움이 되었습니다.
마무리	These experiences have prepared me well for the role of **marketing assistant at your company**. Clear communication and building a friendly group atmosphere are crucial in any role and setting, and I'm confident my own skills will allow me to contribute positively to your marketing team. 이러한 경험을 통해 귀사의 마케팅 어시스턴트 역할을 잘 준비할 수 있었습니다. 명확한 의사소통과 친근한 그룹 분위기 조성은 어떤 역할과 환경에서든 매우 중요하며, 제가 가진 기술을 통해 귀사의 마케팅 팀에 긍정적인 기여를 할 수 있을 것이라 확신합니다.

필수 표현

어휘 colleague 동료 supportive 지원하는 enjoyable 즐거운 period 기간 communicate 의사소통하다 manage 관리하다 register 계산대 prepare 준비하다 stock 재고 flexibility 융통성 fulfill 수행하다 urgent 긴급한 hectic 정신없이 바쁜 chaotic 혼돈 상태인 diverse 다양한 interpersonal 대인 간의 interact 상호작용하다 personality 성격 atmosphere 분위기 crucial 중요한 confident 자신감 있는 contribute 기여하다 positively 긍정적으로

개인 성향 (바꾸고 싶은 성향)

서론	If I could change one thing about my personality, it would be **my sometimes-excessive drive for perfectionism.** 제 성격에서 한 가지를 바꿀 수 있다면 가끔씩 지나치게 완벽주의에 집착하는 것입니다.
소개 1	Even though I know that holding a high standard for any kind of work or product is beneficial, I sometimes find myself spending too much time on minor details and forgetting about the bigger picture. Although every situation and line of work is different, technically perfection is not necessary for everything, especially if time is extra valuable and cannot be wasted. 어떤 종류의 작업이나 제품에 대해 높은 기준을 유지하는 것이 유익하다는 것을 알지만, 가끔은 사소한 세부 사항에 너무 많은 시간을 소비하고 큰 그림을 놓치는 자신을 발견하곤 합니다. 모든 상황과 업무 분야가 다르지만, 특히 시간이 더 소중하고 낭비해서는 안 되는 경우에는 모든 일에 기술적으로 완벽할 필요는 없습니다.
마무리	To fix this, I've been trying to work on prioritizing tasks more effectively and understanding that sometimes "good enough" is sufficient. For assignments with tight deadlines, I know this is really important to remember. This helps me stay calm and focused, even when things don't go to plan. 이 문제를 해결하기 위해 저는 작업의 우선순위를 더 효과적으로 정하고 때로는 '충분히 잘하는 것'으로 충분하다는 것을 이해하려고 노력해왔습니다. 마감 기한이 촉박한 과제의 경우 이 점을 기억하는 것이 정말 중요하다는 것을 깨달았습니다. 이렇게 하면 일이 계획대로 진행되지 않을 때에도 침착하고 집중력을 유지할 수 있습니다.

필수 표현

어휘 **personality** 성격 **excessive** 지나친 **perfectionism** 완벽주의 **even though** 비록 ~ 일지라도 **standard** 기준 **beneficial** 이로운 **minor** 작은 **forget** 잊어버리다 **technically** 기술적으로 **necessary** 필요한 **valuable** 소중한 **waste** 낭비하다 **prioritize** 우선순위를 매기다 **effectively** 효과적으로 **sufficient** 충분한 **assignment** 과제 **tight** 촉박한 **focus** 집중하다

스트레스 관리 (직장인)

서론	One time at work, it was our busy season, and I was feeling overwhelmed with multiple deadlines approaching at the same time. I was working overtime almost every night, and I had little time to rest at home on the weekdays. I really needed a way to release my stress, so I relied on my support network that is my friends and family. 한 번은 직장에서 바쁜 시즌이었는데 동시에 여러 마감일이 다가와서 부담스러웠습니다. 거의 매일 밤 야근을 하고 평일에는 집에서 쉴 시간이 거의 없었습니다. 스트레스를 풀 방법이 절실히 필요했기 때문에 저는 친구와 가족이라는 지원 네트워크에 의지했습니다.
예시	On my way home from work, I would call my parents and tell them how I was feeling, and they would give me words of encouragement. On the weekends, I met up with my friends and spent hours catching up and chatting. These moments really helped me to verbally express my feelings and just talk about what I was going through openly. 퇴근길에 부모님께 전화해서 제 기분을 말씀드리면 격려의 말씀을 해주셨습니다. 주말에는 친구들과 만나 오랜만에 만나 수다를 떨며 시간을 보냈습니다. 이런 시간을 통해 제 감정을 말로 표현하고 제가 겪고 있는 일에 대해 터놓고 이야기할 수 있었습니다.
마무리	Meeting with people and having long conversations usually helps me relieve stress and maintain a positive outlook so that when it's time to get back to my workload, I can approach it with a new, refreshed perspective. So, for managing stress, I thankfully can rely on my friends and family to lend an ear and pick me back up onto my feet. 사람들과 만나 긴 대화를 나누면 스트레스를 해소하고 긍정적인 시각을 유지할 수 있어서 다시 업무에 복귀할 때 새롭고 상쾌한 마음으로 접근할 수 있습니다. 그래서 스트레스 관리에 있어서는 친구와 가족이 제 이야기를 들어주고 다시 일어설 수 있도록 도와주는 것이 큰 힘이 됩니다.

필수 표현

어휘 overwhelmed 압도된 multiple 복합적인 deadline 마감 기한 approach 다가오다 at the same time 동시에 overtime 초과 근무 weekday 평일 release 방출하다 rely on 의지하다 support 지지 encouragement 격려 catch up 만나다 chat 수다를 떨다 moment 순간 verbally 말로, 구두로 express 표현하다 openly 공개적으로 conversation 대화 relieve 완화하다 maintain 유지하다 outlook 관점 workload 업무량 approach 접근하다 refreshed 상쾌한 perspective 관점 thankfully 고맙게도 lend an ear 귀를 기울이다

서론	When I was in university, there was a point when I was dealing with a lot of personal, academic, and job-related pressures. I was taking many difficult classes while balancing a part-time job. On top of that, I was going through a falling out with a friend. I was basically feeling a lot of stress from several different sources all at once, so it was really overwhelming for me. 대학에 다닐 때 개인적, 학업적, 직업적 압박을 많이 받았던 시기가 있었습니다. 아르바이트와 균형을 맞추면서 어려운 수업을 많이 들었습니다. 게다가 친구와 사이가 좋지 않았습니다. 기본적으로 여러 가지 스트레스를 한꺼번에 많이 받고 있었기 때문에 저에게는 정말 부담스러웠습니다.
예시	To manage situations like that, I like to do some journaling. This method allows me to process my thoughts and emotions by transferring them onto paper. Being able to express my feelings and record my daily experiences in writing is a very relaxing and stress-relieving activity for me. It has allowed me to reflect on myself and take a step back to reassess the situation at hand. 그런 상황을 관리하기 위해 저는 일기를 쓰는 것을 좋아합니다. 이 방법을 통해 제 생각과 감정을 종이에 옮기면서 처리할 수 있습니다. 제 감정을 표현하고 일상의 경험을 글로 기록하는 것은 저에게 매우 편안하고 스트레스를 해소하는 활동입니다. 제 자신을 되돌아보고 한 발짝 물러서서 당면한 상황을 재평가할 수 있게 해줍니다.
마무리	By journaling, I can take on new and clearer perspectives that help me cope with my stress. It provides an outlet for my emotions and has even allowed me to recognize my own progress and achievements, too. So, whenever I'm going through some stressful times, journaling is always a useful tool for helping me maintain my emotional balance. 일기를 쓰면서 스트레스에 대처하는 데 도움이 되는 새롭고 명확한 관점을 가질 수 있게 되었습니다. 일기는 제 감정의 출구를 제공하고 제 자신의 발전과 성취를 인식할 수 있게 해주기도 합니다. 그래서 스트레스를 받을 때마다 일기는 항상 감정적 균형을 유지하는 데 도움이 되는 유용한 도구입니다.

필수 표현

어휘 deal with ~을 다루다 pressure 압박 difficult 어려운 balance 균형을 유지하다 on top of that 게다가 basically 기본적으로 several 몇몇의 at once 동시에 overwhelm 압도하다 manage 관리하다 method 방법 process 처리하다 transfer 옮기다 express 표현하다 record 기록하다 relax 안심하다 relieve 완화하다 reflect on 되돌아보다 reassess 재평가하다 at hand 가까운 perspective 관점 cope with ~에 대처하다 provide 제공하다 outlet 출구 recognize 인식하다 progress 발전 achievement 성취 stressful 스트레스가 많은 useful 유용한 emotional 감정적인

필수 표현

- supportive

  지지적인

- manage one's tasks

  업무를 관리합니다

- flexibility

  유연성

- make an effort to

  ~하려고 노력합니다

- these experiences have prepared me well for the role of ~

  이러한 경험을 통해 ~ 역할을 잘 준비할 수 있었습니다

- my own skills will allow me to contribute positively to ~

  제가 가진 기술을 통해 ~에 긍정적인 기여를 할 수 있습니다

연습 문제

주어진 문장을 알맞게 영작해 보세요.

1   카페에서 일하는 동료들과의 관계는 긍정적이고 친근했습니다.

_____

2   우리는 서로 명확하게 소통하며 업무를 관리했습니다.

_____

3   다양한 사람들과 함께 일하면서 대인관계 기술을 키우는 데 큰 도움이 되었습니다.

_____

4   명확한 의사소통이 중요하다는 것을 배웠습니다.

_____

5   이러한 경험을 통해 귀사의 마케팅 어시스턴트 역할을 잘 준비할 수 있었습니다.

_____

6   친근한 그룹 분위기 조성은 어떤 역할과 환경에서든 매우 중요합니다.

_____

7   일기를 쓰면서 스트레스에 대처하는 데 도움이 되는 새롭고 명확한 관점을 가질 수 있게 되었습니다.

_____

모범 답안

1. My working relationship with my colleagues at the café was positive and friendly.
2. We communicated with each other clearly to manage our tasks.
3. Working with a diverse group of people really helped me to develop my interpersonal skills.
4. I learned the importance of clear communication.
5. These experiences have prepared me well for the role of marketing assistant at your company.
6. Building a friendly group atmosphere are crucial in any role and setting.
7. By journaling, I can take on new and clearer perspectives that help me cope with my stress.

모범 답안

나만의 답변 만들기

앞서 배운 내용을 활용하여 나만의 답변을 만들어 보세요.

서론	
본론	
마무리	

Unit 07 인생관, 롤 모델

질문 리스트

🔊 MP3 7_1

What is your #1 priority in your life?
당신의 삶에서 우선 순위는 무엇인가요?

Who is your role model?
당신의 롤모델은 누구인가요?

답변 포인트

인생관 [삶의 우선 순위-긍정적인 영향 미치기]

서론	• 삶의 우선 순위 소개-긍정적인 영향 미치기
우선 순위	• 우선 순위를 지키기 위한 노력-봉사 활동
마무리	• 우선 순위를 통한 개인의 가치관 설명-이타적인 삶

롤모델 [영화 감독]

서론	• 롤 모델 소개-영화 감독 봉준호
인물 소개	• 롤 모델인 이유 설명-스토리텔링 능력, 창의성
마무리	• 지원하는 직무에 연관지어 설명-의미있는 영향력

인생관 (삶의 우선 순위-가족)

서론	• 삶의 우선 순위 소개-가족
우선 순위	• 우선 순위를 지키기 위한 노력-관계 발전
마무리	• 우선 순위를 통한 개인의 가치관 설명-사랑하는 사람들의 행복

인생관 (삶의 우선 순위-건강)

서론	• 삶의 우선 순위 소개-건강
우선 순위	• 우선 순위를 지키기 위한 노력-마음 챙김 운동, 신체 활동
마무리	• 우선 순위를 통한 개인의 가치관 설명-일과 삶의 균형 유지

롤모델 (고등학교 때 선생님)

서론	• 롤 모델 소개-고등학교 선생님
인물 소개	• 롤 모델인 이유 설명-깊은 지식, 공감 능력
마무리	• 지원하는 직무에 연관지어 설명-협력적인 관계 구축

합격 답변

인생관 (삶의 우선 순위-긍정적인 영향 미치기)

서론	My number one priority in life is making a positive impact on others, whether that be through my job or pastimes, and giving back to my community. 제 인생의 최우선 순위는 직업이든 취미 생활이든 다른 사람들에게 긍정적인 영향을 미치고 지역사회에 환원하는 것입니다.
우선 순위	Even if I cannot save the world, my goal is to be someone who helps the world become a warmer and safer place. Whether that be through volunteer work, mentoring, or simply being a supportive figure to those around me, I find great fulfillment in helping others. 세상을 구하지는 못하더라도 세상을 더 따뜻하고 안전한 곳으로 만드는 데 도움이 되는 사람이 되는 것이 제 목표입니다. 봉사활동, 멘토링, 또는 단순히 주변 사람들에게 힘이 되는 사람이 되는 것 등, 저는 다른 사람을 돕는 것에서 큰 성취감을 느낍니다.
마무리	As long as we don't harm others and remember to be kind and altruistic, then I would say that our mission on this Earth has been well achieved. 우리가 다른 사람에게 해를 끼치지 않고 친절하고 이타적인 태도를 잊지 않는다면 이 지구에서 우리의 사명은 잘 달성되었다고 말할 수 있습니다.

필수 표현

어휘 priority 우선 순위 positive 긍정적인 impact 영향 pastime 취미 give back 돌려주다 even if (비록) ~ 일지라도 save 구하다 volunteer work 봉사활동 simply 단순히 supportive 도와주는 figure 수치 fulfillment 성취감 as long as ~ 하는 한 harm 해를 끼치다 remember 기억하다 altruistic 이타적인 mission 임무 achieve 달성하다

롤모델 [영화 감독]

서론	My role model is Bong Joon-ho, the renowned Korean movie director. 제 롤모델은 한국의 유명한 영화 감독인 봉준호 감독입니다.
인물 소개	I personally really admire his storytelling abilities and how he blends various genres while addressing complex social issues. His famous movie, Parasite, was internationally recognized because he sparked important conversations about social class disparities. He's great at evoking emotions using abstract imagery and dark themes that leave a lasting impression. 저는 개인적으로 그의 스토리텔링 능력과 복잡한 사회 문제를 다루면서 다양한 장르를 혼합하는 방식을 정말 존경합니다. 그의 유명한 영화 기생충은 사회 계층 격차에 대한 중요한 대화를 촉발시켰기 때문에 국제적으로 인정받았습니다. 그는 추상적인 이미지와 어두운 주제를 통해 감정을 불러일으키고 오래도록 인상을 남기는 데 능숙합니다.
마무리	In a marketing role, I want to bring a similar level of creativity to promotional campaigns. In doing so, I hope I can create a meaningful impact and contribute to the growth of this company. 마케팅 담당자로서 저는 홍보 캠페인에도 비슷한 수준의 창의성을 발휘하고 싶습니다. 이를 통해 의미 있는 영향력을 창출하고 회사의 성장에 기여할 수 있기를 바랍니다.

필수 표현

어휘 renowned 유명한 personally 개인적으로 admire 존경하다 blend 혼합하다 various 다양한 address 다루다 complex 복잡한 internationally 국제적으로 recognized 인정된 spark 일으키다 disparity 차이 evoke 떠올려 주다 abstract 추상적인 imagery 형상화 impression 인상 similar 유사한 creativity 창의성 promotional 홍보의 meaningful 의미 있는 contribute 기여하다 growth 성장

인생관 (삶의 우선 순위-가족)

서론	My number one priority in life is my family because they have raised me to become the person that I am today. 제 인생의 최우선 순위는 가족입니다. 가족이 저를 지금의 저로 키워주었기 때문입니다.
우선 순위	I value spending time with my loved ones, and I always strive to support and nurture my relationships whenever I have time outside of work. **This priority helps me maintain a balanced life because cherishing my strong support system gives me a sense of fulfillment that extends beyond my professional achievements.** Without my support network, I wouldn't be where I am today. Rather than **just financially giving back to my family, I want to be as emotionally supportive to other members as they have been to me.** I also think keeping in touch often, meeting up consistently, and providing a shoulder to lean on whenever necessary are crucial in maintaining my relationships. 저는 사랑하는 사람들과 시간을 보내는 것을 소중히 여기며, 업무 외의 시간이 있을 때마다 항상 관계를 지원하고 발전시키기 위해 노력합니다. 이 우선순위는 제가 균형 잡힌 삶을 유지하는 데 도움이 되는데, 든든한 지원 체계를 소중히 여기면 업무적 성취를 넘어선 성취감을 느낄 수 있기 때문입니다. 제 지원 체계가 없었다면 저는 지금 이 자리에 있지 못했을 것입니다. 저는 가족에게 금전적으로만 보답하는 것이 아니라, 가족들이 저에게 그랬던 것처럼 다른 구성원들에게도 정서적으로 도움을 주고 싶습니다. 또한 자주 연락하고, 꾸준히 만나고, 필요할 때마다 기댈 수 있는 어깨를 제공하는 것이 관계를 유지하는 데 매우 중요하다고 생각합니다.
마무리	And more than anything else, I hope that my loved ones can always stay happy and healthy. I want to work hard so that I can return the love and support I've received from those who care about me. 그리고 무엇보다 사랑하는 사람들이 항상 행복하고 건강하게 지낼 수 있기를 바랍니다. 저를 아껴주시는 분들께 받은 사랑과 응원에 보답할 수 있도록 열심히 일하고 싶습니다.

필수 표현

어휘 priority 우선 순위 raise 키우다, 기르다 value 가치 strive 노력하다 support 지원하다 nurture 보살피다 maintain 유지하다
balanced 균형 잡힌 cherish 소중히 여기다 fulfillment 성취감 extend 확대하다 beyond 넘어서 professional 전문적인
achievement 성취감 rather than ~보다는 financially 금전적으로 give back 돌려주다 emotionally 감정적으로
supportive 도와주는 keep in touch 연락하고 지내다 consistently 지속적으로 lean 의지하다 necessary 필요한
crucial 중요한 return 보답하다 receive 받아들이다

인생관 (삶의 우선 순위-건강)

서론	My number one priority in life is maintaining my personal well-being. This includes my physical health, mental wellness, and overall happiness. 제 인생의 최우선 순위는 개인 건강을 유지하는 것입니다. 여기에는 신체적 건강, 정신적 건강, 전반적인 행복이 포함됩니다.
우선 순위	I believe that taking care of myself allows me to be more productive and engaged in all areas of my life, including work and relationships. Things that I do specifically to manage my personal well-being are mindfulness exercises and regular physical activity. Practicing mindfulness means being grateful for and finding happiness in the small things, whether that be having a delicious meal, spending time with friends, or going to a concert. I make sure to invest time and energy into the small things that matter to me. Also, physical activity, like going to the gym, helps with getting my mind off things and resetting my feelings when I'm stressed out. 저는 제 자신을 돌보면 일과 인간관계를 포함한 삶의 모든 영역에서 생산성과 몰입도를 높일 수 있다고 믿습니다. 개인적인 웰빙을 관리하기 위해 제가 특별히 하는 일은 마음 챙김 운동과 규칙적인 신체 활동입니다. 마음 챙김을 실천한다는 것은 맛있는 식사를 하거나 친구들과 시간을 보내거나 콘서트에 가는 등 사소한 것에서 감사하고 행복을 찾는 것을 의미합니다. 저는 저에게 중요한 작은 일들에 시간과 에너지를 투자하려고 노력합니다. 또한, 헬스장에 가는 것과 같은 신체 활동은 스트레스를 받을 때 마음을 다스리고 감정을 리셋하는 데 도움이 됩니다.
마무리	Doing these things helps me maintain a healthy work-life balance, which means that although I keep my personal and work life routines separate, I can still find fulfillment through both of them. Personally, this distinction is important to me, and it's how I believe I can be a successful, productive employee in any work environment. 이렇게 하면 일과 삶의 균형을 유지하는 데 도움이 되기 때문에 개인 생활과 직장 생활을 분리하더라도 둘 다에서 성취감을 찾을 수 있습니다. 개인적으로 이러한 구분은 저에게 중요하며, 어떤 업무 환경에서도 성공적이고 생산적인 직원이 될 수 있는 방법이라고 생각합니다.

필수 표현

어휘 priority 우선 순위 include 포함하다 physical 신체의 wellness 건강 overall 전체적인 take care of ~을 돌보다 productive 생산적인 engage in ~에 종사하다 specifically 특별히 manage 관리하다 well-being 행복 mindfulness 마음 챙김 regular 정기적인 grateful 감사하는 delicious 맛있는 meal 식사 make sure 확실하게 하다 invest 투자하다 matter 중요하다 stressed out 스트레스가 쌓인 separate 분리하다 fulfillment 성취감 distinction 구분

롤모델 (고등학교 때 선생님)

◁》MP3 7_6

서론	My role model is one of my high school teachers named **Ms. Kim. She is inspiring to me because of her kindness and intelligence, and she had a big impact on my life** during the latter years of high school. 제 롤모델은 고등학교 때 선생님 중 한 분인 김 선생님입니다. 친절하고 지성적이셔서 저에게 많은 영감을 주셨고, 고등학교 후반기에 제 인생에 큰 영향을 주셨어요.
인물 소개	**Ms. Kim is someone who always approached her students with care and empathy. She was great at building a supportive and encouraging learning environment. She taught world history, and** not only did she **have a deep knowledge of the material,** but she was able to make **complex concepts understandable and engaging.** 김 선생님은 항상 학생들에게 관심과 공감을 가지고 다가가는 분입니다. 그녀는 학생들을 지지하고 격려하는 학습 환경을 구축하는 데 탁월했습니다. 그녀는 세계사를 가르쳤는데, 자료에 대한 깊은 지식을 가지고 있을 뿐만 아니라 복잡한 개념을 이해하기 쉽고 흥미롭게 만들 수 있었습니다.
마무리	Her positive spirit has inspired me **to emulate her ability to connect with people and to use my knowledge** in a way that **benefits others. I believe that a kind and understanding heart is crucial in building strong, collaborative relationships no matter what kind of setting, and Ms. Kim is the person who really showed me this.** 그녀의 긍정적인 정신은 제가 사람들과 소통하고 다른 사람들에게 도움이 되는 방식으로 제 지식을 사용하는 그녀의 능력을 본받도록 영감을 주었습니다. 저는 친절하고 이해하는 마음이 어떤 환경에서든 강력하고 협력적인 관계를 구축하는 데 매우 중요하다고 생각하며, 이를 몸소 보여주신 분이 바로 김 선생님입니다.

필수 표현

어휘 inspire 영감을 주다 kindness 친절함 intelligence 지성 impact 영향 approach 다가오다 empathy 공감 supportive 지원하는 encourage 격려하다 material 자료 be able to ~을 할 수 있다 complex 복잡한 understandable 이해하기 쉬운 positive 긍정적인 spirit 정신 emulate 따라 가다 collaborative 공동의 no matter ~와 상관없이

필수 표현

- My number one priority in life is ~
  제 인생의 최우선 순위는 ~ 입니다

- my goal is to be someone who ~
  ~ 한 사람이 되는 것이 제 목표입니다

- as long as ~
  ~하는 한

- I personally really admire
  개인적으로 ~을 존경합니다

- internationally recognized
  국제적으로 인정받는

- be great at -ing
  ~에 능숙하다

- contribute to
  ~에 기여하다

연습 문제

주어진 문장을 알맞게 영작해 보세요.

1   제 인생의 최우선 순위는 다른 사람들에게 긍정적인 영향을 미치는 것입니다.

   _____

2   세상을 더 따뜻하고 안전한 곳으로 만드는 데 도움이 되는 사람이 되는 것이 제 목표입니다.

   _____

3   제 롤모델은 한국의 유명한 영화 감독인 봉준호 감독입니다.

   _____

4   저는 개인적으로 그의 스토리텔링 능력을 정말 존경합니다.

   _____

5   의미 있는 영향력을 창출하고 회사의 성장에 기여할 수 있기를 바랍니다.

   _____

6   저는 친절한 마음이 어떤 환경에서든 매우 중요하다고 생각합니다.

   _____

7   사랑하는 사람들이 항상 행복하고 건강하게 지낼 수 있기를 바랍니다.

   _____

모범 답안

1. My number one priority in life is making a positive impact on others.
2. My goal is to be someone who helps the world become a warmer and safer place.
3. My role model is Bong Joon-ho, the renowned Korean movie director.
4. I personally really admire his storytelling abilities.
5. I hope I can create a meaningful impact and contribute to the growth of this company.
6. I believe that a kind heart is crucial no matter what kind of setting.
7. I hope that my loved ones can always stay happy and healthy.

모범 답안

나만의 답변 만들기

앞서 배운 내용을 활용하여 나만의 답변을 만들어 보세요.

서론	
본론	
마무리	

직무 질문

직무 역량(협동력/커뮤니케이션 능력)

질문 리스트

What skills are you currently working on improving?
현재 어떤 역량을 향상하기 위해 노력하고 있나요?

Tell me about the experience you had with other team.
다른 팀과 협업했던 경험을 말해주세요.

Can you give me an example of when you had to deal with a conflict at work?
직장에서 갈등을 겪어야 했던 경험을 알려주실 수 있나요?

What would you say is your type of communication style?
자신의 커뮤니케이션 스타일은 어떤 유형이라고 생각하나요?

How do you go about building rapport with co-workers?
직장 동료들과 친밀감을 쌓는 방법은 무엇인가요?

답변 포인트

직무 역량 (협동력)

서론	• 팀워크의 중요성
예시 1	• 협동력을 향상시키기 위한 노력
예시 2	• 커뮤니케이션 능력을 향상시키기 위한 노력
마무리	• 지원하는 직무에 도움이 되는 점 어필

직무 역량 (협동력&커뮤니케이션 능력)

서론	• 구체적인 경험 소개, 간단 업무 설명
예시 1	• 다른 사람들과 함께 일했던 경험
예시 2	• 커뮤니케이션 관련 활약, 결과
마무리	• 경험에서 배운 점

직무 역량 (커뮤니케이션 스타일)

서론	• 커뮤니케이션 스타일 간단 설명
예시	• 커뮤니케이션에서 중요하게 생각하는 점 설명, 간단한 예시 설명
마무리	• 커뮤니케이션 스타일이 업무에 도움이 되는 점 어필

합격 답변

직무 역량 (협동력)

🔊 MP3 8_2

서론	In marketing, collaboration is crucial for **successful campaigns and promotions.** 마케팅에서 협력이라는 것은 성공적인 캠페인과 프로모션을 위해 매우 중요한 요소입니다.
예시 1	Recently, I've focused on improving my collaborative skills, such as active listening, giving and receiving constructive feedback, and fostering a positive team environment. **I participate in team-building workshops to better understand my coworkers and tips for effective teamwork. I regularly ask for feedback to improve my performance on future tasks and projects.** 최근에는 적극적인 경청, 건설적인 피드백 주고받기, 긍정적인 팀 환경 조성 등 협업 기술을 향상하는 데 집중하고 있습니다. 동료들을 더 잘 이해하고 효과적인 팀워크를 위한 팁을 얻기 위해 팀 빌딩 워크숍에 참여합니다. 저는 향후 업무와 프로젝트에서 성과를 향상시키기 위해 정기적으로 피드백을 요청합니다.
예시 2	**In team meetings, I practice active listening to fully understand my teammates' perspectives before sharing my ideas. Being mindful of my language and offering supportive comments helps create a cohesive and productive team environment.** 팀 회의에서 저는 아이디어를 공유하기 전에 팀원들의 관점을 충분히 이해하기 위해 적극적으로 경청하는 연습을 합니다. 제 말을 살피고 지지적인 발언을 하면 화합적이고 생산적인 팀 환경을 조성하는 데 도움이 됩니다.
마무리	Respecting others' viewpoints and clear communication are essential for achieving our common goals in **marketing.** 마케팅에서 공동의 목표를 달성하기 위해서는 다른 사람의 관점을 존중하고 명확하게 소통하는 것이 필수적입니다.

필수 표현

어휘 collaboration 협력 crucial 중요한 improve 향상하다 collaborative 공동의 constructive 건설적인 foster 조성하다
participate 참여하다 coworker 동료 effective 효과적인 perspective 관점 mindful ~에 유념하는 supportive 지원하는
cohesive 화합하는 productive 생산적인 viewpoint 관점 essential 필수적인 achieve 달성하다

직무 역량 [협동력&커뮤니케이션 능력]

서론	Last summer, I volunteered at a children's shelter, helping plan and organize fun and educational activities. 지난 여름에는 어린이 보호소에서 자원봉사를 하며, 재미있고 교육적인 활동을 계획하고 조직하는 일을 도왔습니다.
예시 1	Working with a diverse team, I initiated regular meetings to discuss ideas, share updates, and address issues. I delegated tasks based on strengths; for example, an art-skilled volunteer led art activities, while another organized sports games. 다양한 팀과 함께 일하면서 저는 아이디어를 논의하고, 업데이트를 공유하고, 문제를 해결하기 위해 정기적인 회의를 시작했습니다. 예를 들어 미술에 능숙한 자원봉사자에게는 미술 활동을, 다른 자원봉사자에게는 스포츠 게임을 기획하는 등 각자의 강점에 따라 업무를 분담했습니다.
예시 2	I suggested using group chats and shared documents for better planning, which kept everyone informed and organized. When issues arose, like changes in the number of children, we adapted quickly as a team. Our collaboration was praised by the staff, and the activities helped build the children's confidence and support. 저는 더 나은 계획을 위해 그룹 채팅과 공유 문서를 사용하도록 제안했고, 이를 통해 모두가 정보를 공유하고 체계적으로 관리할 수 있었습니다. 아동 수 변경과 같은 문제가 발생했을 때에도 팀으로서 빠르게 적응했습니다. 직원들은 우리의 협업을 칭찬했고, 이러한 활동은 아이들의 자신감과 지지를 쌓는 데 도움이 되었습니다.
마무리	This experience taught me the value of teamwork and the importance of adaptive and collaborative skills. 이 경험을 통해 팀워크의 가치와 적응력 및 협업 기술의 중요성을 배웠습니다.

필수 표현

어휘 volunteer 자원 봉사하다 shelter 보호소 organize 조직하다 educational 교육적인 diverse 다양한 initiate 개시되게 하다
discuss 의논하다 address 해결하다 delegate 위임하다 strength 강점 suggest 제안하다 document 문서 inform 알리다
arise 발생하다 adapt 적응하다 collaboration 협업 praise 칭찬하다 confidence 자신감

직무 역량 (커뮤니케이션 스타일)

MP3 8_4

서론	My communication style is clear yet cautious, emphasizing open and transparent dialogue while maintaining proper etiquette, especially in formal settings. 저의 커뮤니케이션 스타일은 명확하면서도 신중한 편이며, 특히 공식적인 자리에서 적절한 에티켓을 지키면서 개방적이고 투명한 대화를 강조합니다.
예시	Striking a balance between transparency and politeness is crucial to avoid being rude. I'm an active listener and try to understand the audience's perspective, which aids in effective responses. For example, while volunteering at a children's shelter, I reported student behavior to staff using appropriate language and direct communication. Though complete objectivity is challenging, my aim was to provide honest and straightforward feedback. 무례한 태도를 보이지 않으려면 투명성과 공손함 사이의 균형을 유지하는 것이 중요합니다. 저는 적극적으로 경청하고 상대방의 관점을 이해하려고 노력하기 때문에 효과적인 대응에 도움이 됩니다. 예를 들어, 아동 보호소에서 자원봉사를 하는 동안 저는 적절한 언어와 직접적인 의사소통을 통해 직원에게 학생의 행동을 보고했습니다. 완전한 객관성을 유지하기는 어렵지만, 제 목표는 솔직하고 직설적인 피드백을 제공하는 것이었습니다.
마무리	As a marketing manager, this balance of transparency and formality is beneficial when collaborating with teams and stakeholders. Clear and concise communication fosters a comfortable and productive environment, helping us achieve our common goals. 마케팅 관리자로서 투명성과 형식의 균형은 팀 및 이해관계자와 협업할 때 유용합니다. 명확하고 간결한 의사소통은 편안하고 생산적인 환경을 조성하여 공동의 목표를 달성하는 데 도움이 됩니다.

필수 표현

어휘 cautious 신중한 emphasize 강조하다 transparent 투명한 dialogue 대화 proper 적절한 formal 공식적인 transparency 투명함 politeness 공손함 crucial 중요한 avoid 피하다 rude 무례한 perspective 관점 aid 돕다 shelter 보호소 report 보고하다 behavior 행동 appropriate 적절한 direct 직접적인 objectivity 객관성 challenging 도전적인 aim 목표 honest 정직한 straightforward 솔직한 formality 격식 beneficial 이로운 stakeholder 주주 concise 간결한 foster 조성하다 comfortable 편안한 productive 생산적인 achieve 달성하다

필수 표현

- **be crucial for**
  ~에 매우 중요한

- **I've focused on improving**
  저는 ~ 직무 역량을 향상하는 데 집중하고 있습니다

- **cohesive**
  화합적인

- **be essential for**
  ~에 필수적인

- **achieve our common goals**
  공동의 목표를 달성하다

연습 문제

주어진 문장을 알맞게 영작해 보세요.

1   협력은 성공적인 캠페인과 프로모션을 위해 매우 중요한 요소입니다.

   _____

2   적극적인 경청, 건설적인 피드백 주고받기 등 협업 기술을 향상하는 데 집중하고 있습니다.

   _____

3   팀원들의 관점을 충분히 이해하기 위해 적극적으로 경청하는 연습을 합니다.

   _____

4   지지적인 발언을 하면 화합적인 팀 환경을 조성하는 데 도움이 됩니다.

   _____

5   공동의 목표를 달성하기 위해서는 다른 사람의 관점을 존중하는 것이 필수적입니다.

   _____

6   무례한 태도를 보이지 않으려면 투명성과 공손함 사이의 균형을 유지하는 것이 중요합니다.

   _____

7   이 경험을 통해 팀워크의 가치를 배웠습니다.

   _____

모범 답안

1. Collaboration is crucial for successful campaigns and promotions.
2. I've focused on improving my collaborative skills, such as active listening, giving and receiving constructive feedback.
3. I practice active listening to fully understand my teammates' perspectives.
4. Offering supportive comments helps create a cohesive team environment.
5. Respecting others' viewpoints are essential for achieving our common goals.
6. Striking a balance between transparency and politeness is crucial to avoid being rude.
7. This experience taught me the value of teamwork.

모범 답안

나만의 답변 만들기

앞서 배운 내용을 활용하여 나만의 답변을 만들어 보세요.

서론	
예시 1	
예시 2	
마무리	

Unit 09 직무 역량(분석 능력/기획력)

질문 리스트

🔊 MP3 9_1

What skills are you currently working on improving?

현재 본인의 어떤 기술 향상을 위해 노력하고 있습니까?

Describe a time when you were given a problem without a lot of information. How did you handle this situation?

많은 정보 없이 문제가 주어졌을 때를 설명해 주세요. 이 상황을 어떻게 처리하셨나요?

Tell me about a project you've worked on that didn't go as expected.

당신이 작업한 프로젝트 중 예상대로 진행되지 않은 프로젝트에 대해 말해 주세요.

What's your process for planning?

기획 과정은 어떻게 진행되나요?

What do you do when your plans change?

계획이 바뀌면 어떻게 하나요?

답변 포인트

직무 역량 (문제 발생 시 대처하는 자세)

서론	• 계획 변경에 대처하는 자세, 중요하게 생각하는 태도
예시 1	• 계획 조정, 우선 순위 파악
예시 2	• 계획 수립, 모니터링
마무리	• 문제 상황 해결 후 느낀 점

직무 역량 (분석 능력 & 기획력)

서론	• 지원하는 업무에 필요한 주요 능력 설명
예시 1	• 분석 능력 향상을 위해 노력하는 점 어필
예시 2	• 기획력 향상을 위해 노력하는 점 어필
마무리	• 본인의 능력이 회사의 발전에 기여할 수 있는 점 어필

직무 역량 (기획력)

서론	• 본인의 역할 설명, 문제 상황 소개
문제	• 어려웠던 상황 설명
해결	• 어려움 극복을 위한 활약 설명
마무리	• 어려움 극복 과정을 통해 느낀 점

합격 답변

직무 역량 (문제 발생 시 대처하는 자세)

서론	When plans change, the first thing I try to do is acknowledge and accept the new circumstances. I think it's important to remain calm and flexible, since change is always a natural part of any project. 계획이 변경되면 제가 가장 먼저 하는 일은 새로운 상황을 인정하고 받아들이는 것입니다. 모든 프로젝트에서 변화는 항상 자연스러운 부분이기 때문에 침착하고 유연하게 대처하는 것이 중요하다고 생각합니다.
예시 1	In order to understand how I can move forward, I try to identify all the new constraints, resources, or opportunities that need to be considered. Also, communicating with relevant team members and stakeholders for their opinions and perspectives is also important in this stage. Then, I can adjust the new plan accordingly, whether that be by reallocating funds, revising timelines, delegating new tasks, or even rewriting some goals, if necessary. And of course, figuring out what should be a priority and what isn't is very important. Otherwise, delegating the wrong tasks can slow down progress. 앞으로 어떻게 나아갈 수 있을지 파악하기 위해 고려해야 할 새로운 제약 조건, 리소스 또는 기회를 모두 파악하려고 노력합니다. 또한 이 단계에서는 관련 팀원 및 이해관계자와 소통하여 그들의 의견과 관점을 듣는 것도 중요합니다. 그런 다음 자금을 재할당하거나, 일정을 수정하거나, 새로운 작업을 위임하거나, 필요한 경우 일부 목표를 다시 작성하는 등 그에 따라 새 계획을 조정할 수 있습니다. 물론 무엇이 우선순위가 되어야 하고 무엇이 우선순위가 아닌지 파악하는 것은 매우 중요합니다. 그렇지 않으면 잘못된 작업을 위임하면 진행 속도가 느려질 수 있습니다.
예시 2	I would also create contingency plans to prepare for any further changes. After communicating the new adjustments to relevant people, I would closely monitor the process and make sure that everything is going as expected. I like to have regular check-ins and also keep track of everything in progress reports. Using a shared document to monitor progress and track changes allows for everyone on the team to be on the same page. 또한 추가 변경에 대비해 비상 계획을 수립할 것입니다. 새로운 조정 사항을 관련 담당자에게 전달한 후에는 프로세스를 면밀히 모니터링하고 모든 것이 예상대로 진행되고 있는지 확인합니다. 저는 정기적으로 체크인을 하고 진행 보고서를 통해 모든 것을 추적하는 것을 좋아합니다. 공유 문서를 사용하여 진행 상황을 모니터링하고 변경 사항을 추적하면 팀원 모두가 같은 정보를 공유할 수 있습니다.
마무리	Sudden changes to a plan can always feel frustrating and overwhelming at first, but staying diligent in sorting out the details and asking for help will show you that no obstacle is too high to overcome. 갑작스러운 계획 변경은 처음에는 항상 당황스럽고 부담스러울 수 있지만, 부지런히 세부 사항을 정리하고 도움을 요청하면 극복하기에 너무 높은 장애물은 없다는 것을 알게 될 것입니다.

필수 표현

직무 역량 (분석 능력 & 기획력)

서론	These days, I've been trying to **improve my analytical and planning skills because I know that these are important for a role in marketing.** 요즘은 마케팅 직무에서 분석 능력과 기획력이 중요하다는 것을 알고 있기 때문에 이를 향상시키기 위해 노력하고 있습니다.
예시 1	To enhance my analytical skills, I've been taking online courses in data analysis and statistics. I've been learning how to use tools like Excel and Google Analytics. I know that proficiency in these tools will help me later on to better understand things like market trends and consumer behavior. These have been great practice for me so far. 분석 능력을 향상시키기 위해 데이터 분석 및 통계에 관한 온라인 강좌를 수강하고 있습니다. 엑셀과 구글 애널리틱스 같은 도구를 사용하는 방법을 배우고 있습니다. 이러한 도구에 능숙해지면 나중에 시장 동향이나 소비자 행동 등을 더 잘 이해하는 데 도움이 될 것입니다. 지금까지 이런 과정이 저에게 큰 도움이 되었습니다.
예시 2	For my planning skills, I've been studying project management methodologies by reading case studies and academic material online. I've had the chance to practice my planning skills because in my volunteer role, I'm in charge of coordinating activities for children. This also means that I have to set timelines and allocate resources appropriately. 기획력을 키우기 위해 온라인에서 사례 연구와 학술 자료를 읽으며 프로젝트 관리 방법론을 공부하고 있습니다. 저는 자원봉사자 활동에서 아이들을 위한 활동을 기획하고 조정하는 역할을 맡고 있기 때문에 기획력을 연습할 기회가 많았습니다. 이는 또한 일정을 정하고 자원을 적절히 배분해야 한다는 것을 의미합니다.
마무리	I believe that by **improving my analytical and planning skills,** I can be **a positive contributor to your marketing team.** I know how to interpret campaign performance data accurately and make suggestions for readjusting strategies, if needed. I also know how to organize and execute marketing initiatives efficiently, while making sure that projects are completed on time and within budget. Therefore, I think I can be a great asset to your company. 저는 분석 및 기획 능력을 향상시킴으로써 마케팅 팀에 긍정적인 기여를 할 수 있다고 믿습니다. 저는 캠페인의 성과 데이터를 정확하게 해석하고 필요한 경우 전략 재조정을 위한 제안을 할 수 있습니다. 또한 마케팅 계획을 효율적으로 조직하고 실행하는 동시에 프로젝트가 제시간에 예산 범위 내에서 완료되도록 하는 방법도 알고 있습니다. 따라서 저는 귀사에 큰 자산이 될 수 있다고 생각합니다.

필수 표현

어휘 analytical 분석적인 enhance 향상시키다 analysis 분석 statistic 통계학 proficiency 능숙함 management 관리 methodology 방법론 coordinate 조정하다 allocate 할당하다, 배분하다 appropriately 적절하게 contributor 기여자 interpret 해석하다 accurately 정확하게 readjust 조정하다 execute 수행하다 initiative 계획 budget 예산 asset 자산

직무 역량 (기획력)

서론	During university, I was the secretary of our Photography Club, so I was in charge of our club's finances. At some point in my junior year, every club was suddenly given extra funds from the school's student association. But the catch was that we were only allowed to use the funds for "educational purposes," which was so vague. 대학 시절 저는 사진 동아리의 총무였기 때문에 동아리의 재정을 책임지고 있었습니다. 3학년 어느 날 갑자기 학교 학생회로부터 모든 동아리에 추가 지원금이 지급되었습니다. 그런데 문제는 이 지원금을 '교육적 목적'으로만 사용할 수 있다는 것이었는데, 너무 모호했습니다.
문제	As the club secretary, I had to make sure the money was used properly before the next year rolled over and the funds got redistributed. Basically, it was a happy problem because my club had money to spend, but we just didn't know how to do it. The student association gave us very little information about what "educational" specifically meant. Even after contacting our school's student affairs offices, they didn't give me any clear ideas. 동아리 총무로서 저는 다음 해가 이월되어 기금이 재분배되기 전에 돈이 제대로 사용되었는지 확인해야 했습니다. 기본적으로 동아리에 쓸 돈이 있었기 때문에 행복한 문제였지만, 어떻게 해야 할지 몰랐을 뿐이었습니다. 학생회는 '교육적'이라는 것이 구체적으로 무엇을 의미하는지에 대한 정보를 거의 제공하지 않았습니다. 학교 학생처에 연락을 해도 명확한 아이디어를 주지 않았습니다.
해결	Nonetheless, I organized a meeting with my club's board members, and I asked other clubs what they planned to do as well. After gathering many ideas and opinions, I figured out that we could use the money to pay for group admission fees to a photography museum, exhibition, gallery, or even a workshop! I organized a poll for all our club members to decide, and the winning activity was going to a photography workshop altogether. 그래도 저는 동아리 임원들과 회의를 열고 다른 동아리들에게도 어떤 계획을 세우고 있는지 물어봤습니다. 많은 아이디어와 의견을 수렴한 결과, 사진 박물관, 전시회, 갤러리 또는 워크숍에 단체 입장료를 지불하는 데 이 돈을 사용할 수 있다는 것을 알게 되었습니다! 저는 모든 클럽 회원들에게 투표를 실시해 결정하도록 했고, 가장 많은 지지를 받은 활동은 사진 워크숍에 가는 것이었습니다.
마무리	Despite some obstacles along the way, I think I was able to find a good solution to our problem. 그 과정에서 몇 가지 장애물이 있었지만 문제에 대한 좋은 해결책을 찾을 수 있었다고 생각합니다.

필수 표현

어휘 secretary 총무 in charge of 담당해서 finance 재정 association 단체 allow 허락하다 educational 교육적인 vague 애매한 properly 적절히 roll over 나가 떨어지다 redistribute 재분배하다 specifically 구체적으로 affair 일, 사무 nonetheless 그렇더라도 board member 이사 gather 모으다 figure 판단하다 admission 입장 exhibition 전시 poll 투표 altogether 모두 합쳐

필수 표현

- **acknowledge and accept the new circumstances**
  상황을 인정하고 받아들이다

- **everything is going as expected**
  모든 것이 예상대로 진행되다

- **keep track of**
  ~을 추적하다

- **be on the same page**
  같은 정보를 공유하다

- **overwhelming**
  부담스러운

- **sort out**
  정리하다

- **overcome**
  극복하다

연습 문제

주어진 문장을 알맞게 영작해 보세요.

1   제가 가장 먼저 하는 일은 새로운 상황을 인정하고 받아들이는 것입니다.

2   침착하고 유연하게 대처하는 것이 중요하다고 생각합니다.

3   저는 진행 보고서를 통해 모든 것을 추적하는 것을 좋아합니다.

4   갑작스러운 계획 변경은 처음에는 항상 당황스럽고 부담스러울 수 있습니다.

5   문제에 대한 좋은 해결책을 찾을 수 있었다고 생각합니다.

6   저는 귀사에 큰 자산이 될 수 있다고 생각합니다.

7   분석 능력과 기획력을 향상시키기 위해 노력하고 있습니다.

모범 답안

1. The first thing I try to do is acknowledge and accept the new circumstances.
2. I think it's important to remain calm and flexible.
3. I like to keep track of everything in progress reports.
4. Sudden changes to a plan can always feel frustrating and overwhelming at first.
5. I think I was able to find a good solution to our problem.
6. I think I can be a great asset to your company.
7. I've been trying to improve my analytical and planning skills.

모범 답안

나만의 답변 만들기

앞서 배운 내용을 활용하여 나만의 답변을 만들어 보세요.

서론	
본론	
마무리	

직무 역량(관리 역량/책임감)

질문 리스트

🔊 MP3 10_1

What skills are you currently working on improving?
현재 본인은 어떤 능력 향상을 위해 노력하고 있나요?

How do you prioritize your workload with multiple clients/tasks?
여러 클라이언트와 업무에서 업무량의 우선순위를 어떻게 정하나요?

How do you manage tasks and timelines with different levels of importance?
중요도가 다른 업무 및 타임라인을 어떻게 관리하나요?

How have you been a leader in your past positions?
과거 직책에서 리더 역할을 어떻게 했나요?

Can you describe some responsibilities of your previous position?
본인의 이전 직책의 몇 가지 책임을 설명해 주시겠어요?

답변 포인트

관리 역량

서론	• 본인의 업무 관리 방법 설명
우선순위	• 업무 중요도 파악 및 평가 능력 어필
계획	• 효율적인 업무 프로세스 수립 능력 어필
마무리	• 변동에 따른 커뮤니케이션을 통한 관리 능력 어필

관리역량 & 책임감

서론	• 지원하는 업무에 필요한 주요 능력 설명
예시 1	• 관리 역량 향상을 위해 노력하는 점 어필
예시 2	• 책임감 향상을 위해 노력하는 점 어필
마무리	• 본인의 능력이 회사의 발전에 기여할 수 있는 점 어필

책임감

서론	• 실제 근무했던 경험 소개
예시 1	• 본인이 맡았던 업무 소개
예시 2	• 업무를 하며 배운 점 설명
마무리	• 지원하는 회사에 도움이 되는 점 어필

합격 답변

관리역량

MP3 10_2

서론	When I have multiple tasks or clients to tend to, the first thing I do is list out all the things that need to be completed so that I have a clear overview of everything. This also helps me make sure that nothing gets overlooked. 처리해야 할 작업이나 고객이 여러 명일 때 가장 먼저 하는 일은 완료해야 할 모든 일을 목록으로 작성하여 모든 것을 명확하게 파악하는 것입니다. 이렇게 하면 간과하는 것이 없는지 확인하는 데도 도움이 됩니다.
우선 순위	Then, I evaluate the importance and urgency of each task. I would prioritize the tasks that are more urgent or need more time to be spent on them. I would also think about the resources or help that I need from others and request them in advance. It's also important to consider the potential consequences of delaying a task or missing a deadline and think of contingency plans to prevent that from happening. 그런 다음 각 작업의 중요도와 긴급성을 평가합니다. 더 시급하거나 더 많은 시간을 투자해야 하는 작업의 우선순위를 정합니다. 또한 다른 사람에게 필요한 리소스나 도움에 대해 생각해보고 미리 요청합니다. 또한 작업이 지연되거나 마감일을 놓쳤을 때 발생할 수 있는 결과를 고려하고 이를 방지하기 위한 비상 계획을 세우는 것도 중요합니다.

계획	Once I've clearly organized the order of priorities, I would create a plan to schedule my tasks. I like to use a calendar and to-do lists. For the large projects, I think it's especially helpful to break them down into smaller, manageable steps and set milestones. That way, I can stay organized and not feel overwhelmed by trying to finish everything all at once. I also have to stay aware that priorities can change, so I should be flexible if I need to adjust any tasks or deadlines. 우선순위를 명확하게 정리한 다음에는 작업 일정을 계획합니다. 저는 달력과 할 일 목록을 사용하는 것을 좋아합니다. 큰 프로젝트의 경우, 관리하기 쉬운 작은 단계로 나누고 목표 시점을 설정하는 것이 특히 도움이 된다고 생각합니다. 이렇게 하면 모든 것을 한꺼번에 끝내려고 할 때 부담을 느끼지 않고 체계적인 상태를 유지할 수 있습니다. 또한 우선순위가 바뀔 수 있다는 점을 항상 염두에 두고 작업이나 마감일을 조정해야 할 경우 유연하게 대처해야 합니다.
마무리	If changes or hiccups really do come up, I know it's important to communicate these details to my team members and clients. This would help manage everyone's expectations and make sure that everyone is on the same page. 변경 사항이나 문제가 발생하면 팀원 및 고객에게 이러한 세부 사항을 알리는 것이 중요하다는 것을 알고 있습니다. 이렇게 하면 모든 사람의 기대치를 관리하고 모두가 같은 생각을 하고 있는지 확인하는 데 도움이 됩니다.

필수 표현

어휘 multiple 많은 complete 완료하다 overview 개요 overlook 간과하다 evaluate 평가하다 urgency 긴급 prioritize 우선 순위를 매기다 urgent 긴급한 request 요청하다 in advance 사전에, 미리 potential 잠재적인 consequence 결과 delay 지연시키다 contingency 만일의 사태 prevent 예방하다 break something down ~을 나누다 manageable 관리할 수 있는 milestone 중요한 단계 overwhelmed 압도된 at once 동시에 flexible 유연한 adjust 조정하다 expectation 예상

서론	I've been focusing on improving my management skills and sense of responsibility in leadership roles these days. Good management skills are important for making strategic decisions and staying on schedule, while a strong sense of responsibility is crucial for building trust and driving team performance. 저는 요즘 리더십 역할에서 관리 능력과 책임감을 향상시키는 데 집중하고 있습니다. 훌륭한 관리 기술은 전략적인 결정을 내리고 일정을 지키는 데 중요하며, 강한 책임감은 신뢰를 쌓고 팀 성과를 이끌어내는 데 필수적입니다.
예시 1	To improve my management skills, I've been taking leadership courses and reading business management books. These resources have a lot of good insight on effective leadership techniques, how to make tough decisions, and even conflict resolutions strategies. I've also been applying these techniques in my current role where I manage a small social media contents team. It's my job to delegate tasks, set clear goals, and provide constructive feedback. 저는 관리 능력을 향상시키기 위해 리더십 강좌를 수강하고 경영 관련 서적을 읽고 있습니다. 이러한 자료에는 효과적인 리더십 기법, 어려운 결정을 내리는 방법, 심지어 갈등 해결 전략에 대한 좋은 통찰력이 많이 담겨 있습니다. 현재 소규모 소셜 미디어 콘텐츠 팀을 관리하는 제 역할에도 이러한 기법을 적용하고 있습니다. 업무를 위임하고, 명확한 목표를 설정하고, 건설적인 피드백을 제공하는 것이 제 역할입니다.
예시 2	To strengthen my sense of responsibility, I've been actively trying to take on more leadership roles and projects. For example, I volunteered to organize my team's end-of-the-year gathering, even though I know it will take up some extra time and energy that I could spend doing other things. I believe that it's important to take one for the team so that we as coworkers can all grow a little closer and can support each other in our day-to-day tasks at work. 책임감을 강화하기 위해 더 많은 리더십 역할과 프로젝트를 적극적으로 맡으려고 노력해 왔습니다. 예를 들어, 다른 일에 쓸 수 있는 시간과 에너지가 더 필요하다는 것을 알면서도 팀의 연말 모임을 주최하기로 자원했습니다. 동료로서 우리 모두가 조금 더 가까워지고 직장에서의 일상적인 업무에서 서로를 지원할 수 있도록 팀을 위한 일을 하는 것이 중요하다고 생각하기 때문입니다.

마무리	By **improving my management skills and sense of responsibility**, I believe that I can contribute significantly to your organization as a **marketing manager**. I'm confident that with my skills, I can build trust within the team and develop **marketing initiatives** that boost your company's overall growth and sales. 저는 관리 능력과 책임감을 향상시켜 마케팅 관리자로서 귀사의 조직에 크게 기여할 수 있다고 믿습니다. 저의 능력을 바탕으로 팀 내에서 신뢰를 구축하고 귀사의 전반적인 성장과 매출을 향상시키는 마케팅 계획도 개발할 수 있다고 확신합니다.

필수 표현

어휘 improve 향상하다 management 관리 responsibility 책임감 strategic 전략 crucial 중요한 trust 신뢰 insight 통찰력 effective 효과적인 make decision 결정을 내리다 tough 힘든 conflict 갈등 resolution 해결 apply 적용하다 current 현재의 delegate 위임하다 constructive 건설적인 strengthen 강화하다 actively 적극적으로 volunteer 자진하다 gathering 모임 coworker 동료 support 지지하다 day-to-day 그날그날의 contribute 기여하다 significantly 상당히 organization 조직 confident 자신감 있는 initiative 계획 boost 증진시키다 growth 성장 sale 매출

서론	During university, I worked part-time as a barista at Brew & Bean, which is a busy café in the downtown area. 대학 시절에는 번화가에 있는 카페 '브루 앤 빈'에서 바리스타로 아르바이트를 했습니다.
예시 1	My main responsibilities were preparing and serving a variety of coffee and tea drinks according to customers' preferences. I also worked at the cash register and managed the cash counts after every shift. Some of my other duties were also cleaning equipment, restocking supplies, and overseeing the training of new staff. In terms of customer service, I always made sure to treat customers with respect. 저는 주로 고객의 취향에 따라 다양한 커피와 차 음료를 준비하고 서빙하는 일을 했습니다. 또한 계산대에서 근무하며 매 교대 근무 후 현금 계산을 관리했습니다. 그 외에도 장비 청소, 소모품 재입고, 신입 직원 교육 감독 등의 업무도 수행했습니다. 고객 서비스 측면에서 저는 항상 고객을 존중하는 태도로 대했습니다.
예시 2	Working in a fast-paced environment like Brew & Bean helped me practice multitasking and time management skills because I had to juggle multiple orders and tasks while maintaining a high level of service. Interacting with a diverse range of customers has also prepared me to deal with all sorts of people in other work environments. Also, working with a team of baristas and coordinating tasks taught me valuable teamwork and communication skills, which I know are transferrable to the marketing assistant role at your company. 브루 앤 빈과 같이 빠르게 변화하는 환경에서 일하면서 높은 수준의 서비스를 유지하면서 여러 주문과 업무를 처리해야 했기 때문에 멀티태스킹과 시간 관리 기술을 연습하는 데 도움이 되었습니다. 또한 다양한 고객과 교류하면서 다른 업무 환경에서도 다양한 사람들을 상대할 수 있도록 준비할 수 있었습니다. 또한 바리스타 팀과 함께 일하고 업무를 조율하면서 유용한 팀워크와 커뮤니케이션 기술을 배웠고, 이는 귀사의 마케팅 어시스턴트 역할에도 적용할 수 있을 것으로 생각합니다.
마무리	My ability to multitask and manage time effectively will be valuable in handling multiple marketing projects and deadlines, and the customer service skills I developed will help in understanding client needs and making sure that they're satisfied with our marketing efforts. Last but not least, since I know the value of teamwork and clear communication, I have confidence that I can collaborate effectively with colleagues and contribute positively to your team. 멀티태스킹과 효과적인 시간 관리 능력은 여러 마케팅 프로젝트와 마감일을 처리하는 데 유용할 것이며, 제가 개발한 고객 서비스 기술은 고객의 요구를 이해하고 고객이 마케팅 활동에 만족할 수 있도록 하는 데 도움이 될 것입니다. 마지막으로, 팀워크와 명확한 의사소통의 가치를 잘 알고 있기 때문에 동료들과 효과적으로 협업하고 팀에 긍정적으로 기여할 수 있다는 자신감이 있습니다.

필수 표현

필수 표현

- clear overview
  명확하게 파악하다

- nothing gets overlooked
  간과하는 것이 없는

- contingency
  비상, 만일의 사태

- break down into ~
  ~으로 나누다

- potential consequences
  발생할 수 있는 결과

- set milestones
  목표 지점을 설정하다

연습 문제

주어진 문장을 알맞게 영작해 보세요.

1   가장 먼저 하는 일은 완료해야 할 모든 일을 목록으로 작성하는 것입니다.

2   이렇게 하면 간과하는 것이 없는지 확인하는 데도 도움이 됩니다.

3   더 시급한 작업의 우선순위를 정합니다.

4   우선순위를 명확하게 정리한 다음에 작업 일정을 계획합니다.

5   이렇게 하면 모든 사람의 기대치를 관리하는 데 도움이 됩니다.

6   동료들과 효과적으로 협업할 수 있다는 자신감을 가지고 있습니다.

7   저는 관리 능력과 책임감을 향상시켜 마케팅 관리자로서 귀사의 조직에 크게 기여할 수 있다고 믿습니다.

모범 답안

1. The first thing I do is list out all the things that need to be completed.
2. This also helps me make sure that nothing gets overlooked.
3. I would prioritize the tasks that are more urgent.
4. Once I've clearly organized the order of priorities, I would create a plan to schedule my tasks.
5. This would help manage everyone's expectations.
6. I have confidence that I can collaborate effectively with colleagues.
7. I believe that I can contribute significantly to your organization as a marketing manager.

모범 답안

나만의 답변 만들기

앞서 배운 내용을 활용하여 나만의 답변을 만들어 보세요.

서론	
본론	
마무리	

기존 이력 사항

질문 리스트

MP3 11_1

Can you tell us something more about your working experience?

당신의 근무 경험에 대해 더 말씀해 주시겠어요?

What's an achievement in your career that you are most proud of?

당신의 경력에서 가장 자랑스러운 성과는 무엇인가요?

Out of all your past jobs, which one did you learn the most from and why?

모든 과거 직업 중에서 어떤 것을 가장 많이 배웠고 그 이유는 무엇인가요?

답변 포인트

근무 경험 (바리스타)

서론	• 이전 직무 경험 소개-바리스타
예시	• 이전 직무 경험을 통해 배운 점 - 커뮤니케이션 및 멀티태스킹 능력
마무리	• 지원하는 직무에 도움이 되는 점 어필

근무 경험 (식당 아르바이트)

서론	• 일했던 경험 소개-식당 아르바이트
예시	• 지원하는 직무와 연관 지어 맡았던 업무 소개
마무리	• 지원하는 회사에 도움이 되는 점 어필

근무 경험 (경력직-이전 직장 업무)

서론	• 일했던 경험 소개
예시	• 이전 회사에서 맡았던 업무 소개, 구체적인 결과로 어필
마무리	• 지원하는 회사에 도움이 되는 점 어필

근무 경험 (마케팅 어시스턴트)

서론	• 이전 직무 경험 소개: 마케팅 어시스턴트
예시	• 이전 직무 경험을 통해 배운 점 　- 전략적 사고, 실제 실행 균형 맞추기
마무리	• 지원하는 직무에 도움이 되는 점 어필 　- 프로젝트 처리 능력

합격 답변

근무 경험 (바리스타)

서론	Out of all my past jobs, I learned the most from **my part-time position as a barista at Pete's Coffee and Tea.** 과거에 일했던 모든 직업 중에서 피트 커피 앤 티의 바리스타 아르바이트를 통해 가장 많은 것을 배웠습니다.
예시	In this role, I was able to **develop strong communication skills, the ability to work under pressure, and customer service know-how.** Especially since it was a popular business, I was required to **handle multiple responsibilities at once, like taking orders, making drinks, managing ingredients and stock, and handling customer questions or complaints.** In this fast-paced environment, I learned how to prioritize tasks and maintain a positive attitude. 이 직무를 통해 강력한 커뮤니케이션 능력, 압박감 속에서 일하는 능력, 고객 서비스 노하우를 키울 수 있었습니다. 특히 인기 있는 사업이었기 때문에 주문 접수, 음료 제조, 재료 및 재고 관리, 고객 문의나 불만 처리 등 여러 가지 업무를 한 번에 처리해야 했습니다. 빠르게 변화하는 환경에서 저는 업무의 우선순위를 정하고 긍정적인 태도를 유지하는 방법을 배웠습니다.
마무리	I believe that these experiences have maintain equipped me with skills that are highly transferable to **a marketing position, such as effective communication and multitasking.** I'm confident that I can help **manage multiple projects and deadlines in a marketing role** thanks to what I've learned as **a barista.** 이러한 경험을 통해 효과적인 커뮤니케이션과 멀티태스킹과 같이 마케팅 직책으로 전환할 수 있는 기술을 갖추게 되었다고 생각합니다. 바리스타로서 배운 덕분에 마케팅 직무에서 여러 프로젝트와 마감일을 관리하는 데 도움을 줄 수 있다고 확신합니다.

필수 표현

어휘 be able to ~ 할 수 있다　pressure 압박감　especially 특히　popular 유명한　require 요구하다　handle 처리하다　at once 동시에　ingredient 재료　complaint 불평　fast-paced 빨리 진행되는　prioritize 우선 순위를 정하다　maintain 유지하다　equip 갖추다　highly 매우　transferable 이동이 가능한　confident 자신감 있는　thanks to ~ 덕분에

근무 경험 (식당 아르바이트)

🔊 MP3 11_3

서론	I've been working as a part-time server at HK Noodle House for the past two years. 저는 지난 2년간 홍콩 누들 하우스에서 아르바이트 서버로 일하고 있습니다.
예시	In this role, I take orders, serve food, manage transactions, and ensure that our dining service is always running smoothly. Working at a restaurant has helped me develop strong communication skills, the ability to work under pressure, and customer service know-how. For example, I have to manage multiple tables all at the same time during peak hours and make sure that every guest is tended to promptly. Also, I've dealt with a wide range of customers and personalities. I believe that these skills are highly transferable to a marketing role because effective communication and understanding how to satisfy various customer needs is crucial. 이 업무에서는 주문을 받고, 음식을 서빙하고, 거래를 관리하고, 다이닝 서비스가 항상 원활하게 운영되도록 하는 일을 합니다. 레스토랑에서 일하면서 강력한 의사소통 능력, 압박감 속에서 일할 수 있는 능력, 고객 서비스 노하우를 개발하는 데 도움이 되었습니다. 예를 들어, 피크 시간대에는 여러 테이블을 동시에 관리하고 모든 고객을 신속하게 응대해야 합니다. 또한 다양한 고객과 개성을 가진 사람들을 상대해 왔습니다. 효과적인 커뮤니케이션과 다양한 고객의 니즈를 충족시키는 방법을 이해하는 것이 중요하기 때문에 이러한 기술은 마케팅 직무에 매우 유용하다고 생각합니다.
마무리	Plus, my multitasking abilities means I know how to manage multiple projects, so my working experiences have prepared me well to contribute to your team. 또한 멀티태스킹 능력이 뛰어나 여러 프로젝트를 관리하는 방법을 알고 있기 때문에 업무 경험을 통해 팀에 기여할 수 있는 준비가 잘 되어 있습니다.

필수 표현

어휘 transaction 거래 ensure 반드시 ~하게 하다 run 운영하다 smoothly 원활하게 pressure 압박감 manage 관리하다 at the same time 동시에 tend to ~하는 경향이 있다 promptly 즉시 deal with ~을 다루다 highly 매우 transferable 이동이 가능한 satisfy 만족시키다 crucial 중요한 prepare 준비하다 contribute 기여하다

근무 경험 (경력직-이전 직장 업무)

서론	I've been working as a marketing assistant at IPC Entertainment for the past two years, where I developed marketing campaigns and oversaw several social media accounts for our artists. 저는 지난 2년간 IPC 엔터테인먼트에서 마케팅 어시스턴트로 일하면서 마케팅 캠페인을 개발하고 소속 아티스트의 여러 소셜 미디어 계정을 관리했습니다.
예시	To promote new music releases, I created giveaway challenges and fun short-form content to get fans engaged. I increased our Instagram engagement rates by 40% during these times. Also, I helped boost physical album sales by 15% when I helped create a bundle purchase campaign that included other merchandise all in one package for a better deal. 새로운 음원 발매를 홍보하기 위해 경품 챌린지와 재미있는 숏폼 콘텐츠를 만들어 팬들의 참여를 유도했습니다. 이 기간 동안 인스타그램 참여율이 40% 증가했습니다. 또한 다른 상품을 하나의 패키지로 묶어 더 저렴하게 구매할 수 있는 번들 구매 캠페인을 만들어 실제 앨범 판매량을 15% 늘리는 데 도움을 주었습니다.
마무리	These experiences have helped me practice my project management and strategic planning skills as well as analyzing market trends. I'm excited about this opportunity because your company is a leader in music streaming services, and I'm confident that my background in the entertainment industry can be a valuable asset in this position. 이러한 경험은 프로젝트 관리 및 전략 기획 능력과 시장 트렌드 분석 능력을 키우는 데 도움이 되었습니다. 귀사는 음악 스트리밍 서비스의 선두주자이며 엔터테인먼트 업계에서 쌓은 저의 배경이 이 직책에서 소중한 자산이 될 수 있다고 확신하기 때문에 이번 기회를 매우 기쁘게 생각합니다.

필수 표현

어휘 oversee 관리하다, 감독하다 promote 홍보하다 release 발매, 출시 giveaway 증정품 engage (관심을) 사로잡다 increase 증가하다 engagement 참여 physical 실제의 bundle 묶음 merchandise 상품 management 관리 strategic 전략적인 analyze 분석하다 confident 자신감 있는 valuable 소중한 asset 자산

근무 경험 (마케팅 어시스턴트)

MP3 11_5

서론	Out of all my past jobs, I learned the most from my position as a marketing assistant at KL Electronics. In this role, I developed my skills in strategic planning, project management, and data analysis. 지금까지 일했던 모든 직책 중에서 KL전자에서 마케팅 어시스턴트로 일하면서 가장 많은 것을 배웠습니다. 이 직무를 통해 전략 기획, 프로젝트 관리, 데이터 분석에 대한 역량을 키웠습니다.
예시	This job was particularly impactful because I led a rebranding campaign for one of our products that had been dropping in sales. I had to do extensive market research, think of a creative solution, and collaborate with others to come up with a high-quality campaign proposal. This project taught me how to balance strategic thinking with practical implementation. In the end, my campaign was able to boost sales by 20%, and I received lots of praise. 매출이 감소하고 있던 제품 중 하나의 리브랜딩 캠페인을 이끌었기 때문에 특히 영향력이 컸던 업무였습니다. 저는 광범위한 시장 조사를 하고, 창의적인 솔루션을 구상하고, 다른 사람들과 협업하여 완성도 높은 캠페인 제안서를 만들어야 했습니다. 이 프로젝트를 통해 전략적 사고와 실제 실행의 균형을 맞추는 방법을 배웠습니다. 결국 제 캠페인은 매출을 20%까지 끌어올릴 수 있었고 많은 칭찬을 받았습니다.
마무리	These experiences have given me a strong foundation in marketing strategy and leadership, which I'm eager to bring to your team. I believe my ability to handle complex projects will be highly beneficial in this role. 이러한 경험을 통해 마케팅 전략과 리더십에 대한 탄탄한 기반을 다질 수 있었으며, 이를 팀에 전하고 싶습니다. 복잡한 프로젝트를 처리하는 저의 능력이 이 역할에 큰 도움이 될 것이라고 믿습니다.

필수 표현

어휘 develop 발달시키다 strategic 전략적인 particularly 특히 impactful 영향력이 강한 rebrand 브랜드 이미지를 새롭게 하다 drop 떨어지다 extensive 광범위한 creative 창의적인 collaborate 협업하다 come up with 생각해내다 proposal 제안 practical 실질적인 implementation 시행 praise 칭찬 foundation 기초, 기반 handle 다루다 complex 복잡한 highly 매우 beneficial 이로운

필수 표현

- I was able to
  ~할 수 있었습니다

- I learned how to
  ~하는 방법을 배웠습니다

- these experiences have equipped me with ~
  이러한 경험으로 ~를 갖추게 되었습니다

- I'm confident that ~
  ~라고 확신합니다

- thanks to what I've learned as
  ~로서 배운 덕분에

연습 문제

주어진 문장을 알맞게 영작해 보세요.

1   빠르게 변화하는 환경에서 저는 긍정적인 태도를 유지하는 방법을 배웠습니다.

    _____

2   이러한 경험을 통해 마케팅 직책으로 전환할 수 있는 기술을 갖추게 되었다고 생각합니다.

    _____

3   이러한 경험을 통해 마케팅 전략에 대한 탄탄한 기반을 다질 수 있었습니다.

    _____

4   저의 능력이 이 역할에 큰 도움이 될 것이라고 믿습니다.

    _____

5   저의 배경이 이 직책에서 소중한 자산이 될 수 있다고 확신합니다.

    _____

6   다양한 고객과 개성을 가진 사람들을 상대해 왔습니다.

    _____

7   업무 경험을 통해 팀에 기여할 수 있는 준비가 잘 되어 있습니다.

    _____

모범 답안

1. In this fast-paced environment, I learned how to maintain a positive attitude.
2. I believe that these experiences have equipped me with skills that are highly transferable to a marketing position.
3. These experiences have given me a strong foundation in marketing strategy.
4. I believe my ability will be highly beneficial in this role.
5. I'm confident that my background can be a valuable asset in this position.
6. I've dealt with a wide range of customers and personalities.
7. My working experiences have prepared me well to contribute to your team.

모범 답안

나만의 답변 만들기

앞서 배운 내용을 활용하여 나만의 답변을 만들어 보세요.

서론	
예시	
마무리	

직무별 필수 질문

직무별 최빈출 질문(인사/기획)

질문 리스트 (기획)

🔊 MP3 12_1

Why do you want to work in the planning team?
기획팀에서 일하고 싶은 이유가 무엇인가요?

How has your previous experience prepared you for this position?
이전 경험으로 이 직책에 대해 어떻게 준비했나요?

What approach did you use regarding project planning?
프로젝트 계획과 관련하여 어떤 접근 방식을 사용했나요?

Please tell me how to manage time in planning work.
업무 계획에 있어 시간 관리 방법을 알려주세요.

What are some essential qualities of an effective planner?
효과적인 기획자의 필수 자질은 무엇인가요?

How do you plan a project in a field you're not familiar with?
익숙하지 않은 분야에서 어떻게 프로젝트를 계획하나요?

What's the best strategy for analyzing and monitoring delivery performance?
배송 성능을 분석하고 모니터링하는 가장 좋은 전략은 무엇인가요?

What are the key steps in the planning process?
계획 프로세스의 핵심 단계는 무엇인가요?

답변 포인트

직무 관련 경험

서론	• 지원하는 직무와 관련된 경험-카페 아르바이트
예시 1	• 지원하는 직무와 관련된 업무 경험-고객 응대 대처 전략
예시 2	• 지원하는 직무와 관련된 업무 경험-전략적인 대인관계 기술
마무리	• 지원하는 직무에 적용할 수 있는 점 어필

낯선 분야 프로젝트 기획

서론	• 낯선 분야에 접근하는 법 소개-철저한 조사
계획 1	• 프로젝트 기획 구체적인 계획-자문, 목표 및 범위 설정
계획 2	• 프로젝트 기획 구체적인 계획-세부 계획 수립, 모니터링
마무리	• 낯선 분야의 업무도 진행 가능한 점 어필

합격 답변

직무 관련 경험

🔊 MP3 12_2

서론	Even though my experience at a café may seem irrelevant, it has provided me with a unique set of strategy and planning skills. 카페에서의 경험은 관련이 없어 보일 수도 있지만, 저에게는 독특한 전략과 기획 능력을 제공했습니다.
예시1	I learned how to adapt quickly **and respond to busy periods by addressing customer needs immediately while supporting the drink-making process.** I was able to develop my own know-how and strategies when it comes to **preparing for and dealing with waves of customers.** 음료 제조 과정을 지원하면서 고객의 요구를 즉시 해결하고 바쁜 시기에 빠르게 적응하고 대응하는 방법을 배웠습니다. 밀려드는 고객에 대비하고 대처하는 저만의 노하우와 전략을 개발할 수 있었습니다.
예시2	Also, working in a team and with different kinds of customers means that communication should always be as clear as possible. This too requires strategic interpersonal skills so that our business can draw in sales through positive customer relationships. 또한 팀에서 다양한 유형의 고객과 함께 일하기 때문에 의사소통이 항상 원활하게 이루어져야 합니다. 이역시 긍정적인 고객 관계를 통해 매출을 끌어올릴 수 있도록 전략적인 대인관계 기술이 필요합니다.
마무리	I believe that these skills are transferable to **a planning role, so** I hope that I can have the chance to work with your company. 이러한 기술은 기획 역할로 전환할 수 있다고 생각하기 때문에 귀사와 함께 일할 수 있는 기회를 가질 수 있기를 바랍니다.

필수 표현

어휘 irrelevant 무관한 provide 제공하다 strategy 전략 adapt 적응하다 address 해결하다 immediately 즉시
when it comes to ~에 관해 deal with 처리하다 interpersonal 대인간의

낯선 분야 프로젝트 기획

서론	If I were to plan a project in an unfamiliar field, I would first start by conducting thorough research to understand key concepts and trends. 낯선 분야의 프로젝트를 기획한다면 먼저 핵심 개념과 트렌드를 이해하기 위해 철저한 조사를 하는 것부터 시작합니다.
계획 1	Then, I would consult with experts or stakeholders that I have access to in order to gain insights and clarify any questions that might arise from my research. Next, I'd establish the objectives and scope of the project in a clear and succinct way. 그런 다음 인사이트를 얻고 조사 과정에서 발생할 수 있는 의문을 해소하기 위해 전문가나 이해관계자와 상의합니다. 그 다음에는 프로젝트의 목표와 범위를 명확하고 간결하게 설정합니다.
계획 2	Next would be to develop a detailed plan with timelines and milestones to keep progress in check. Once the project gets going, I would make sure to continue monitoring any changes and adjust the plan, if necessary, along the way. 다음은 진행 상황을 점검할 수 있도록 일정과 목표가 포함된 세부 계획을 수립하는 것입니다. 프로젝트가 시작되면 변경 사항을 계속 모니터링하고 필요한 경우 계획을 조정합니다.
마무리	So, even if a field is unfamiliar to me, I'm pretty sure that I can use my basic knowledge and skills in project planning and organization to get the job done smoothly. 그래서 낯선 분야라도 프로젝트 기획과 조직에 대한 기본적인 지식과 기술을 활용하면 원활하게 업무를 수행할 수 있다고 확신합니다.

필수 표현

어휘 unfamiliar 익숙하지 않은 conduct 하다 thorough 철저한 stakeholder 주주 in order to ~ 하기 위해서 insight 통찰력 clarify 명확하게 하다 arise 발생하다 establish 설정하다 objective 목표 scope 범위 succinct 간결한 detailed 상세한 milestone 중요한 단계 continue 계속하다 adjust 조정하다 smoothly 순조롭게

질문 리스트 (인사)

Why do you want to work in the HR department?

인사부에서 일하고 싶은 이유는 무엇인가요?

How has your previous experience prepared you for this position?

이전 경험으로 이 직책에 대해 어떻게 준비했나요?

What's the biggest challenge facing HR today? What would you do about it?

요즘 인사 부서가 직면한 가장 큰 과제는 무엇인가요? 이에 대해 어떻게 대응하시겠습니까?

Tell us about your experience dealt with HR issues.

인사 문제를 처리한 경험에 대해 말씀해 주세요.

Can you give a short description of an ideal HR workplace for you?

이상적인 인사 업무 환경에 대해 간략하게 설명해 주시겠어요?

What do you see as a major event, trend or change that will change human resources in the next five years?

향후 5년간 인적자원을 변화시킬 주요 사건, 트렌드 또는 변화는 무엇이라고 보십니까?

답변 포인트

인사팀 지원 동기

서론	• 인사팀에 지원하는 이유 설명
예시	• 이전 이력으로 능력 어필, 업무 지향성 설명
마무리	• 입사 후 업무 목표-회사의 성공, 직원들의 복지

직무 관련 경험

서론	• 지원하는 직무와 관련된 경험-경영학 전공, 인턴 경험
예시	• 지원하는 직무와 관련된 업무 경험-교육 프로그램 조직, 진행
마무리	• 입사 후 포부-자기 개발, 팀에 기여

합격 답변

인사팀 지원 동기

◁)) MP3 12_5

서론	I want to work in HR because I'm passionate about helping people succeed and building a positive, warm company culture. 저는 사람들의 성공을 돕고 긍정적이고 따뜻한 기업 문화를 구축하는 데 열정을 가지고 있기 때문에 인사팀에서 일하고 싶습니다.
예시	In my previous role as an HR assistant, I gained experience in recruitment, onboarding, and conflict resolution, which honed my communication and organization skills. I want to continue growing professionally in HR and support staff in every way possible. To me, HR is more about managing people and understanding labor laws, but it's about acting as a bridge between a company's leadership and its employees. I actually enjoy administrative tasks, especially because I know I'm a part of the support system that keeps a company running smoothly. 이전에는 인사팀 어시스턴트로 일하면서 채용, 온보딩, 갈등 해결에 대한 경험을 쌓았고, 이를 통해 커뮤니케이션과 조직 기술을 익혔습니다. 앞으로도 인사 분야에서 전문적으로 성장하여 가능한 모든 방법으로 직원을 지원하고 싶습니다. 저에게 인사팀은 사람을 관리하고 노동법을 이해하는 것뿐만 아니라 회사의 경영진과 직원들 사이의 가교 역할을 하는 것이기도 합니다. 특히 제가 회사를 원활하게 운영하는 지원 시스템의 일부라는 것을 알기 때문에 관리 업무가 정말 즐겁습니다.
마무리	I look forward to discovering how I can contribute to your organization's success, and I would like to work to improve the overall well-being of employees across the board. 귀사의 성공에 기여할 수 있는 방법을 찾고, 직원들의 전반적인 복지를 개선하기 위해 일하고 싶습니다.

필수 표현

어휘 passionate 열정적인 succeed 성공하다 previous 이전에 gain 쌓다, 얻다 recruitment 채용 conflict 갈등 resolution 해결 hone 연마하다 continue 계속하다 professionally 전문적으로 labor 노동 administrative 관리상의 run 운영하다 smoothly 순조롭게 look forward to ~을 기대하다 discover 발견하다 contribute 기여하다 improve 향상하다 across the board 전반에 걸쳐

직무 관련 경험

서론	Even though I don't have formal HR work experience, my educational background in business administration has provided me with a strong foundation in a lot of HR principles. I've developed transferable skills through my internship at JP Construction, where I worked with a wide range of people and was able to improve my communication, problem-solving, and organizational skills. 정식 인사 업무 경험은 없지만 경영학을 전공한 덕분에 많은 인사 원칙에 대한 탄탄한 기초를 다질 수 있었습니다. 다양한 사람들과 함께 일하며 커뮤니케이션, 문제 해결 및 조직 능력을 향상시킬 수 있었던 JP 건설에서의 인턴십을 통해 기본 소양을 개발했습니다.
예시	For example, as a strategy and business intern, I assisted with organizing and facilitating training programs for different kinds of employees and clients. I had to prepare many presentations, draft guidelines and contracts, and post notices. 예를 들어 전략 및 비즈니스 인턴으로서 저는 다양한 종류의 직원과 고객을 위한 교육 프로그램을 조직하고 진행하는 일을 지원했습니다. 많은 프레젠테이션을 준비하고, 가이드라인과 계약서 초안을 작성하고, 공지를 게시해야 했습니다.
마무리	I look forward to applying those skills while learning even more through this position. I believe that my dedication to supporting others will make me a great fit for your team. 이 직책을 통해 더 많은 것을 배우면서 이러한 기술을 적용할 수 있기를 기대합니다. 다른 사람을 지원하고자 하는 저의 헌신적인 자세가 팀에 큰 도움이 될 것이라 믿습니다.

필수 표현

어휘 formal 공식적인 educational 교육적인 foundation 기초 principle 원칙 a wide range of 광범위한 assist 돕다 facilitate 용이하게 하다 draft 초안 contract 계약서 notice 공지 look forward to ~을 기대하다 apply 적용하다 dedication 헌신

필수 표현

- even though my experience at ~ may seem irrelevant

  ~에서의 경험은 관련이 없어 보일 수도 있지만

- provided me with a unique set of

  저에게 독특한 ~을 제공했습니다

- adapt quickly

  빠르게 적응하다

- be able to develop my own know-how

  나만의 노하우를 개발할 수 있다

- I hope that I can have the chance to work with your company

  귀사와 함께 일할 수 있는 기회를 가질 수 있기를 바랍니다

연습 문제

주어진 문장을 알맞게 영작해 보세요.

1   카페에서의 경험은 저에게 독특한 전략과 기획 능력을 제공했습니다.

_____

2   고객의 요구를 해결하고 빠르게 적응하는 방법을 배웠습니다.

_____

3   의사소통이 항상 원활하게 이루어져야 합니다.

_____

4   귀사와 함께 일할 수 있는 기회를 가질 수 있기를 바랍니다.

_____

5   저는 사람들의 성공을 돕고 긍정적인 기업 문화를 구축하는 데 열정을 가지고 있습니다.

_____

6   귀사의 성공에 기여할 수 있는 방법을 찾고 싶습니다.

_____

7   귀사의 팀에 잘 적응할 수 있기를 바랍니다.

_____

모범 답안

1. My experience at a café has provided me with a unique set of strategy and planning skills.
2. I learned how to adapt quickly and address customer needs.
3. Communication should always be as clear as possible.
4. I hope that I can have the chance to work with your company.
5. I'm passionate about helping people succeed and building a positive company culture.
6. I look forward to discovering how I can contribute to your organization's success.
7. I hope that I can be a good fit for your team.

모범 답안

나만의 답변 만들기

앞서 배운 내용을 활용하여 나만의 답변을 만들어 보세요.

서론	
본론	
마무리	

직무별 최빈출 질문(영업/판매/무역)

질문 리스트 (영업/판매)

🔊 MP3 13_1

Why do you want to work in the sales department?
영업부에서 일하고 싶은 이유가 무엇인가요?

How has your previous experience prepared you for this position?
이 직책을 맡기 위해 이전 경험이 어떻게 도움이 되었나요?

How do you identify market trends and customer needs?
Describe the process of collecting and analyzing information.
시장 동향과 고객 요구를 어떻게 파악하나요?
정보를 수집하고 분석하는 과정을 설명해주세요.

What skills and qualities are needed to work in sales?
영업에서 일하기 위해서는 어떤 기술과 자질이 필요하나요?

How would you describe to an outsider what we do at this company?
이 회사에서 우리가 하는 일을 외부인에게 어떻게 설명하실 건가요?

What is your philosophy in making the sale?
판매에 대한 철학은 무엇인가요?

What do you dislike most about sales?
판매에서 가장 싫어하는 점이 무엇인가요?

답변 포인트

직무 관련 경험

서론	• 지원하는 직무와 관련된 경험-화장품 매장 아르바이트
예시1	• 지원하는 직무와 관련된 업무 경험-고객 맞춤 솔루션 제공
예시2	• 지원하는 직무와 관련된 업무 경험-거래 처리, 재고 관리
마무리	• 지원하는 직무에 적용할 수 있는 점 어필

합격 답변

직무 관련 경험

서론	I believe that my experience **working part-time at a cosmetics store** has prepared me well for this position **because** I've been able to **develop strong customer service skills by interacting with a diverse set of people.** 화장품 매장에서 아르바이트를 했던 경험 덕분에 다양한 사람들과 교류하며 고객 서비스 역량을 키울 수 있었기 때문에 이 직무를 잘 준비할 수 있었다고 생각합니다.
예시1	I know how to **approach customers courteously, listen to their needs, and offer product recommendations based on their situation.** The key is to be adaptive and pinpoint a customer's biggest concerns so that you can offer them a simple and easy solution. 저는 고객에게 정중하게 다가가고, 고객의 요구사항을 경청하며, 고객의 상황에 맞는 제품을 추천하는 방법을 알고 있습니다. 핵심은 적응력을 갖추고 고객의 가장 큰 관심사를 정확히 파악하여 간단하고 쉬운 솔루션을 제공하는 것입니다.
예시2	Also, I know how to **handle transactions and manage inventory, which are skills that are important in any sales environment.** I believe that these experiences **as a sales associate** can help me excel in this position. 또한 모든 영업 환경에서 중요한 기술인 거래 처리와 재고 관리 방법을 잘 알고 있습니다. 영업 사원으로서의 이러한 경험은 제가 이 직책에서 탁월한 능력을 발휘하는 데 도움이 될 것이라고 믿습니다.
마무리	I've been able to **reach sales targets before, and** I'm excited for the opportunity to do the same for your company. 전에도 매출 목표를 달성할 수 있었고, 귀사에서도 같은 목표를 달성할 수 있는 기회를 얻게 되어 기대가 큽니다.

필수 표현

어휘 cosmetic 화장품 approach 다가가다 courteously 공손하게 recommendation 추천 adaptive 적응할 수 있는
pinpoint 정확히 집어내다 transaction 거래 inventory 재고 sales associate 영업 사원 excel 탁월하다, 뛰어나게 잘 하다

질문 리스트 (무역)

🔊 MP3 13_3

Why do you want to work as a international trade specialist?

국제 무역 전문가로 일하고 싶은 이유는 무엇인가요?

How has your previous experience prepared you for this position?

이 직책을 맡기 위해 이전 경험이 어떻게 도움이 되었나요?

What do you think is the most challenging part of this job?

이 직무에서 가장 어려운 부분은 무엇이라고 생각하나요?

How do you stay up-to-date with the latest developments in international trade?

국제 무역에서 최근 발전의 최신 정보를 어떻게 얻나요?

How would you resolve a dispute between a supplier and a client?

공급업체와 고객 간의 분쟁을 어떻게 해결하실 건가요?

What is your process for identifying new export markets for a client?

고객의 새로운 수출 시장을 식별하기 위한 과정은 무엇인가요?

When negotiating a trade agreement, what is your process for determining the initial offer?

무역 협정을 협상할 때, 처음 제안을 결정하는 과정은 무엇입니까?

답변 포인트

최신 동향 파악 방법

서론	• 국제 무역 관련 동향 파악 방법 소개
예시 1	• 업계 최신 동향 파악 방법-해외 뉴스
예시 2	• 구체적 예시-러시아-우크라이나 전쟁
마무리	• 지원하는 무역 직무에 적합한 점 어필

합격 답변

최신 동향 파악 방법

◁)) MP3 13_4

서론	To prepare for this role, I've been trying to stay on top of international trends by regularly reading global news and market analysis reports. 이 역할을 준비하기 위해 글로벌 뉴스와 시장 분석 보고서를 정기적으로 읽으며 국제 동향을 파악하기 위해 노력했습니다.
예시 1	Specific publications that I like to read are Bloomberg, Reuters, and The Wall Street Journal. This habit of reading has given me a solid understanding of current global economic conditions and foreign trade policies. 특히 블룸버그, 로이터, 월스트리트 저널을 즐겨 읽습니다. 이러한 읽기 습관 덕분에 현재 세계 경제 상황과 대외 무역 정책을 잘 이해할 수 있게 되었습니다.
예시 2	For example, I've been reading up on how the Russia-Ukraine War has impacted the prices of certain goods in different regions of the world. 예를 들어, 저는 러시아-우크라이나 전쟁이 세계 여러 지역의 특정 상품 가격에 어떤 영향을 미쳤는지에 대해 읽어보았습니다.
마무리	I believe that being wary of this situation is important for making informed decisions in my own role. I'm someone who likes to stay informed on international trends, so I feel like I'm well fit for this position. 저는 이러한 상황을 파악하는 것이 제 역할에서 정보에 근거한 결정을 내리는 데 중요하다고 생각합니다. 저는 국제적인 동향에 대한 정보를 지속적으로 파악하기를 좋아하는 사람이라서 이 직책에 잘 맞는다고 생각합니다.

필수 표현

어휘 stay on top of ~을 파악하다, 최신 정보를 알고 있다 regularly 정기적으로 habit 습관 solid 견고한 economic 경제의 trade 무역 impact 영향을 주다 goods 상품 make a decision 결정을 내리다

필수 표현

- prepared me well for ~

  ~을 잘 준비할 수 있었다

- how to

  ~하는 방법

- help me excel in this position

  이 직책에서 탁월한 능력을 발휘하는 데 도움이 되다

- I'm excited for the opportunity

  이 기회를 얻게 되어 기대가 크다

- stay on top of

  ~을 파악하다, 최신 정보를 알고 있다

- be wary of

  ~을 파악하다

연습 문제

주어진 문장을 알맞게 영작해 보세요.

1   저는 고객에게 정중하게 다가가는 방법을 알고 있습니다.

_____

2   이러한 경험은 제가 이 직책에서 탁월한 능력을 발휘하는 데 도움이 될 것이라고 믿습니다.

_____

3   귀사에서도 같은 목표를 달성할 수 있는 기회를 얻게 되어 기대가 큽니다.

_____

4   글로벌 뉴스를 읽으며 국제 동향을 파악하기 위해 노력했습니다.

_____

5   다양한 사람들과 교류하며 고객 서비스 역량을 키울 수 있었습니다.

_____

6   전에도 매출 목표를 달성할 수 있었습니다.

_____

7   저는 전쟁이 특정 상품 가격에 어떤 영향을 미쳤는지에 대해 읽어보았습니다.

_____

모범 답안

1. I know how to approach customers courteously.
2. I believe that these experiences can help me excel in this position.
3. I'm excited for the opportunity to do the same for your company.
4. I've been trying to reading stay on top international trends by reading global news.
5. I've been able to develop strong customer service skills by interacting with a diverse set of people.
6. I've been able to reach sales targets before.
7. I've been reading up on how the war has impacted the prices of certain goods.

모범 답안

나만의 답변 만들기

앞서 배운 내용을 활용하여 나만의 답변을 만들어 보세요.

서론	
예시1	
예시 2	
마무리	

직무별 최빈출 질문(마케팅/홍보)

질문 리스트 (마케팅)

🔊 MP3 14_1

Why do you want to work in the marketing department?
마케팅 부서에서 일하고 싶은 이유는 무엇입니까?

How has your previous experience prepared you for this position?
이 직책을 맡기 위해 이전 경험이 어떻게 도움이 되었나요?

How do you stay up-to-date with the latest marketing trends and techniques?
최신 마케팅 트렌드와 기법을 어떻게 최신으로 유지합니까?

Tell us how you analyze the target market and how to determine the target audience.
타겟 시장을 어떻게 분석하고 타겟층을 어떻게 결정하는지 알려주세요.

Tell me about a time when you handled several deadlines simultaneously.
여러 마감일을 동시에 처리한 시기에 대해 말씀해 주세요.

Do you have more experience with online, mobile, or traditional marketing?
온라인, 모바일 또는 기존 마케팅에 대한 경험이 더 많습니까?

What do you consider the most important tool for marketers?
마케팅 담당자에게 가장 중요한건 무엇이라고 생각하십니까?

답변 포인트

지원동기

서론	• 마케팅팀에 지원하는 이유 설명
이유	• 해당 회사에 지원하게 된 계기, 회사에 대한 이해도 어필
마무리	• 입사 후 업무 목표-영향력 있는 캠페인을 개발, 전문성 쌓기

합격 답변

지원동기

◁)) MP3 14_2

서론	I want to work in the marketing department because I'm passionate about understanding consumer behaviors and creating images and campaigns that become the face of a company. 마케팅 부서에서 일하고 싶은 이유는 소비자 행동을 이해하고 회사의 얼굴이 되는 이미지와 캠페인을 만드는 데 열정을 가지고 있기 때문입니다.
이유	I enjoy making creative content that is exciting and relatable to customers. My experience in digital marketing has provided me with a solid foundation for market analysis and content development. I'm particularly interested in your company because of your innovative approach to using sustainable packaging for all your cosmetic products. I'm excited to use my skills to expand your company's market presence and connect with your target in meaningful ways. 저는 흥미롭고 고객이 공감할 수 있는 창의적인 콘텐츠를 만드는 것을 좋아합니다. 디지털 마케팅 분야에서 쌓은 경험은 시장 분석과 콘텐츠 개발을 위한 탄탄한 토대가 되었습니다. 특히 모든 화장품에 지속 가능한 패키지를 사용하는 혁신적인 접근 방식 때문에 귀사에 관심이 많습니다. 제가 가진 기술을 활용해 귀사의 시장 입지를 넓히고 의미 있는 방식으로 타겟과 소통할 수 있게 되어 기대가 큽니다.
마무리	I feel that this role aligns perfectly with my career goals, and I look forward to developing impactful campaigns and building my expertise in this field. 저는 이 역할이 제 커리어 목표와 완벽하게 일치한다고 생각하며, 영향력 있는 캠페인을 개발하고 이 분야에서 전문성을 쌓을 수 있기를 바랍니다.

필수 표현

어휘 passionate 열정적인 creative 창의적인 relatable 공감되는 provided with ~을 주다 solid 탄탄한, 견고한 foundation 토대 analysis 분석 interested in ~에 관심있는 innovative 혁신적인 approach 접근 sustainable 지속 가능한 expand 확장시키다 presence 입지 connect 연결하다 meaningful 의미 있는 align with ~와 일치하다 look forward to ~을 고대하다 impactful 영향력이 강한 expertise 전문지식

질문 리스트 (홍보)

◁》MP3 14_3

Why do you want to work in the promotional team?

홍보팀에서 왜 일하고 싶으신가요?

How has your previous experience prepared you for this position?

이 직책을 맡기 위해 이전 경험이 어떻게 도움이 되었나요?

What would you consider your most creative work in this field?

이 분야에서 가장 창의적인 일은 무엇이라고 생각하십니까?

Since advertising is a creative position, can you give some examples of when you've had to be creative in your work before?

광고는 창의적인 직업이기 때문에, 이전 직장에서 창의적이어야 했을 때의 예를 몇 가지 들어 주시겠습니까?

Explain a problem you had with a client who wasn't happy with a digital marketing campaign. What did you do?

디지털 마케팅 캠페인에 만족하지 않는 고객과 겪었던 문제를 설명하세요. 어떻게 하셨나요?

Can you describe the type of customer base you're hoping to promote our products to?

저희 제품을 홍보하고자 하는 고객층의 유형을 설명해 주시겠습니까?

How do you respond to feedback when you share your ideas for new promotions?

새로운 프로모션에 대한 아이디어를 공유할 때 피드백에 어떻게 반응하나요?

What do you think would qualify a marketing campaign as successful?

마케팅 캠페인이 성공적일 수 있는 조건은 무엇이라고 생각하십니까?

답변 포인트

지원 직무와 관련된 경험

서론	• 지원하는 직무와 관련된 경험-학생회
예시	• 이전 직무 경험 소개-학생처 담당자
마무리	• 지원하는 직무에 도움이 되는 점 어필-이벤트 홍보, 콘텐츠 제작, 전략적인 기획

합격 답변

지원 직무와 관련된 경험

🔊 MP3 14_4

서론	I believe that my experience working for **student government when I was in university** has given me a good foundation to do well in **this promotional position.** 저는 대학 시절 학생회에서 일한 경험이 이 홍보 직무에서 잘 할 수 있는 좋은 기반이 되었다고 생각합니다.
예시	As one of the student affairs officers, I was specifically in charge of supporting international students and creating events and programs that helped them to **integrate into our school and community.** For example, not only did I **start a language exchange program that helped connect domestic and international students,** but I also had to design **flyers, make social media posts, and organize on-campus promotions to** encourage **people to participate.** 저는 학생처 담당자의 한 사람으로서 특별히 유학생들을 지원하고 그들이 우리 학교와 지역사회에 통합될 수 있도록 돕는 행사와 프로그램을 만드는 일을 맡았습니다. 예를 들어, 저는 국내 학생들과 외국 학생들을 연결하는 데 도움이 되는 언어 교환 프로그램을 시작했을 뿐만 아니라, 사람들의 참여를 장려하기 위해 전단지를 디자인하고 소셜 미디어 게시물을 만들고 교내 홍보를 조직해야 했습니다.
마무리	This role required me to **act as a voice that represented the international** student population and strengthen their presence and involvement on campus. I was able to **really work on my skills in event promotion, creative content creation, and strategic planning, which I know will be vital for this position.** 이 역할을 위해서는 유학생들의 캠퍼스 내 존재감과 참여를 강화하고 그들을 대변하는 목소리를 낼 수 있어야 했습니다. 이 직무를 위해 꼭 필요할 것으로 알고 있는 이벤트 홍보, 창의적인 콘텐츠 제작, 전략적인 기획 등의 역량을 발휘할 수 있었습니다.

필수 표현

어휘 foundation 기반 do well 잘하다 promotional 홍보의 specifically 특별히 integrate 통합시키다 connect 연결하다
domestic 국내의 flyer 전단지 promotion 홍보 encourage 장려하다 participate 참여하다 require 요구하다
represent 대표하다 population 인구 strengthen 강화하다 presence 존재감 involvement 참여 be able to ~ 할 수 있다
creative 창의적인 creation 제작 strategic 전략적인 vital 중요한

필수 표현

- **I'm passionate about**
  ~하는 데 열정을 가지고 있다

- **relatable to**
  ~에 공감할 수 있는

- **I'm particularly interested in**
  특히 ~에 관심이 많습니다

- **I'm excited to use my skills to**
  제 기술을 ~에 활용하게 되어 기대가 큽니다

- **I feel that ~**
  ~라고 생각하다

- **align with**
  ~와 일치하다

- **expertise**
  전문성

- **field**
  분야

연습 문제

주어진 문장을 알맞게 영작해 보세요.

1 소비자 행동을 이해하는 데 열정을 가지고 있습니다.

2 저는 고객이 공감할 수 있는 창의적인 콘텐츠를 만드는 것을 좋아합니다.

3 디지털 마케팅 분야에서 쌓은 경험은 시장 분석을 위한 탄탄한 토대가 되었습니다.

4 특히 혁신적인 접근 방식 때문에 귀사에 관심이 많습니다.

5 저는 이 역할이 제 커리어 목표와 완벽하게 일치한다고 생각합니다.

6 저는 특별히 유학생들을 지원하는 역할을 맡았습니다.

7 이 역할을 위해서는 유학생들을 대변하는 목소리를 낼 수 있어야 했습니다.

모범 답안

1. I'm passionate about understanding consumer behaviors.
2. I enjoy making creative content that is relatable to customers.
3. My experience in digital marketing has provided me with a solid foundation for market analysis.
4. I'm particularly interested in your company because of your innovative approach.
5. I feel that this role aligns perfectly with my career goals.
6. I was specifically in charge of supporting international students.
7. This role required me to act as a voice that represented the international student population.

모범 답안

나만의 답변 만들기

앞서 배운 내용을 활용하여 나만의 답변을 만들어 보세요.

서론	
본론	
마무리	

돌발 질문 & 면접 팁

15 돌발 질문 답변

질문 리스트

🔊 MP3 15_1

What questions would you ask me if you were the interviewer?
본인이 면접관이라면 어떤 질문을 하시겠습니까?

Can you tell us about the book you recently read?
최근에 읽으신 책에 대해 말씀해 주시겠어요?

Have you seen a movie lately? Tell us about the story of the movie.
최근에 영화를 본 적이 있나요? 그 영화에 대한 이야기를 들려주세요.

If you were to change a life with someone, who would that be?
누군가와 인생을 바꿀 수 있다면 누구와 바꾸고 싶으신가요?

Have you applied to other companies?
다른 회사에 지원한 적이 있나요?

답변 포인트

면접관이라면 하고 싶은 질문

질문 1	• 개인의 커리어 발전 및 회사의 장점 파악
질문 2	• 회사에서 직면할 수 있는 어려움 미리 파악

타사 지원 여부

서론	• 타사 지원 여부 솔직하게 답변
이유	• 본인에게 알맞은 직무 모색
마무리	• 지원하는 회사에 지원한 이유-기업 문화, 업무 기회

최근에 읽은 책 소개

서론	• 최근에 읽은 책 소개
책 소개	• 간략한 줄거리와 교훈
마무리	• 책을 통해 배운 점을 업무에 반영-공감, 성실함

합격 답변

면접관이라면 하고 싶은 질문

질문 1	If I were the interviewer, I would ask you, "What do you enjoy about working at this company, and why?" I'm curious about your personal experiences working here and how they've shaped your professional career. You mentioned that you've been working here for over 10 years, which is obviously such a long period of time, so I'm really interested in knowing how you've managed to pull it off. 제가 면접관이라면 '이 회사에서 일하면서 어떤 점이 즐겁고, 그 이유는 무엇인가요?'라고 질문할 것입니다. 여기서 일하면서 개인적으로 어떤 경험을 했고, 그 경험이 어떻게 커리어에 영향을 미쳤는지 궁금합니다. 분명히 매우 긴 기간인 10년 넘게 여기서 일했다고 말씀하셨기 때문에, 어떻게 그 일을 해낼 수 있었는지 정말 궁금합니다.
질문 2	Also, I think I would ask something like, "What are some of the biggest challenges you've faced during your time at this company, and how have you grown from them?" I'm curious about the kinds of difficulties that might arise in this line of work, and I'd love to know how you were able to overcome them considering your seasoned career at this company. 또한, '이 회사에 재직하는 동안 직면한 가장 큰 어려움은 무엇이며, 그로부터 어떻게 성장했습니까?'와 같은 질문을 할 것 같습니다. 이 직종에서 어떤 어려움이 발생할 수 있는지 궁금하고, 이 회사에서 노련한 경력을 쌓은 만큼 어떻게 극복할 수 있었는지 알고 싶습니다.

필수 표현

어휘 curious 궁금한 shape 형성하다 mention 언급하다 obviously 분명히 interested in ~에 관심있는 manage 관리하다 pull off 실현하다 face 직면하다 difficulty 어려움 arise 발생하다 overcome 극복하다 seasoned 노련한

118   시원스쿨 취업영어 면접 표현

타사 지원 여부

서론	Yes, I have applied to other companies because I have been exploring different kinds of opportunities that would align with my career goals. 네, 제 커리어 목표에 부합하는 다양한 기회를 탐색하고 있었기 때문에 다른 회사에도 지원한 적이 있습니다.
이유	I think it's important for me to weigh my options and really consider where I can make a significant impact, so I want to make sure that I find the right fit for both my professional growth and the value that I can bring to an organization. 저는 제 선택의 폭을 넓히고 제가 중요한 영향력을 발휘할 수 있는 분야를 진지하게 고민하여 제 직업적 성장과 조직에 가져올 수 있는 가치 모두에 적합한 직무를 찾는 것이 중요하다고 생각합니다.
마무리	Regardless, I am particularly excited about the opportunity with your company, and I like your company's work culture, which seems to really value employee growth and development. I'm especially interested in **the marketing assistant role here because of the opportunities it presents for me to work on creative projects and outreach campaigns in this industry.** 어쨌든 저는 귀사와의 기회가 매우 기대되며, 직원의 성장과 발전을 중시하는 귀사의 업무 문화가 마음에 듭니다. 특히 마케팅 어시스턴트 역할에 관심이 가는 이유는 이 업계에서 창의적인 프로젝트와 홍보 캠페인을 진행할 수 있는 기회가 주어지기 때문입니다.

필수 표현

어휘 apply 지원하다 explore 탐색하다 align 부합하다 weigh 따져보다 consider 고려하다 significant 중요한 impact 영향 professional 전문적인 value 가치 regardless 어쨌든, 개의치 않고 interested in ~에 관심있는 present 제시하다 outreach 봉사활동

최근에 읽은 책 소개

MP3 15_4

서론	A book I recently read is "To Kill a Mockingbird" by Harper Lee, which is considered a classic. 최근에 읽은 책은 고전으로 꼽히는 하퍼 리의 '앵무새 죽이기'입니다.
책 소개	Although it's set in the 1930s in the American deep south, it has universal themes that touch on moral growth, tolerance, and compassion. The main characters witness social injustice and are forced to come to terms with how unfair life and people around them can be. The author's powerful storytelling left a strong impression on me because it reminded me that understanding different perspectives and standing up for what you believe in, even if you're in the minority, is worth it. 1930년대 미국 중남부를 배경으로 하지만 도덕적 성장, 관용, 연민을 다루는 보편적인 주제를 담고 있습니다. 주인공들은 사회적 불의를 목격하고 삶과 주변 사람들이 얼마나 불공평할 수 있는지 깨닫게 됩니다. 작가의 강력한 스토리텔링이 강한 인상을 남긴 이유는 소수에 속하더라도 다른 관점을 이해하고 자신이 믿는 바를 옹호하는 것은 그만한 가치가 있다는 것을 일깨워주었기 때문입니다.
마무리	In a professional setting, this transfers to how I should stay resilient and true to my visions when pursuing projects or suggesting creative ideas. Also, I should always treat others with empathy and integrity and promote a positive working environment while building strong, respectful relationships with coworkers and clients. 이는 직업적 환경에서 프로젝트를 추진하거나 창의적인 아이디어를 제안할 때 회복탄력성을 유지하고 비전에 충실해야 한다는 의미로 이어집니다. 또한 항상 공감과 성실함으로 다른 사람을 대하고 긍정적인 업무 환경을 조성하는 동시에 동료 및 고객과 강력하고 존중하는 관계를 구축해야 합니다.

필수 표현

어휘 be considered ~로 간주되다 moral 도덕적인 growth 성장 tolerance 관용 compassion 연민 witness 목격하다 injustice 불평등 be forced to ~하도록 강요당하다 unfair 불공평한 author 작가 impression 인상 perspective 관점 minority 소수 transfer 이전하다 resilient 회복력 있는 pursue 추구하다 treat 대하다 empathy 공감 integrity 진실성 promote 촉진하다 respectful 존중하는 coworker 동료

필수 표현

- **If I were ~**
  제가 만약 ~라면

- **be curious about**
  ~에 대해 궁금해하다

- **apply to**
  ~에 지원하다

- **weigh my options**
  진지하게 고민하다

- **work culture**
  업무 문화

- **employee growth**
  직원의 성장

연습 문제

주어진 문장을 알맞게 영작해 보세요.

1   여기서 일하면서 개인적으로 어떤 경험을 했는지 궁금합니다.

_____

2   어떻게 그 일을 해낼 수 있었는지 정말 궁금합니다.

_____

3   다른 회사에도 지원한 적이 있습니다.

_____

4   제 커리어 목표에 부합하는 다양한 기회를 탐색하고 있었습니다.

_____

5   제 직업적 성장에 적합한 직무를 찾고 싶습니다.

_____

6   직원의 성장을 중시하는 귀사의 업무 문화가 마음에 듭니다.

_____

7   항상 공감과 성실함으로 다른 사람을 대해야 합니다.

_____

모범 답안

1. I'm curious about your personal experiences working here.
2. I'm really interested in knowing how you've managed to pull it off.
3. I have applied to other companies.
4. I have been exploring different kinds of opportunities that would align with my career goals.
5. I want to make sure that I find the right fit for my professional growth.
6. I like your company's work culture, which seems to really value employee growth.
7. I should always treat others with empathy and integrity.

모범 답안

나만의 답변 만들기

앞서 배운 내용을 활용하여 나만의 답변을 만들어 보세요.

서론	
본론	
마무리	

Unit 16 마지막 질문하기

질문 리스트

🔊 MP3 16_1

> **Do you have any questions?**
> 질문 있으신가요?
>
> **That's the end of your interview. Do you have questions you'd like to ask us?**
> 이상으로 면접을 마치겠습니다. 궁금한 점 있으신가요?

답변 포인트

마지막 질문하기

- 회사 문화는 어떤지 알고 싶습니다.

- 맡게될 직책에 대해 알고 싶습니다.

- 개인에 대한 지원이나 기회에 대해 알고 싶습니다.

- 직무에서 겪게될 어려움이 있을까요?

- 면접 이후 채용 단계에 대해 알고 싶습니다.

합격 답변

회사 문화는 어떤지 알고 싶습니다

MP3 16_2

- Can you describe what the team I would be working with is like and how it fits into the larger organization?

  제가 함께 일하게 될 팀이 어떤 팀인지, 더 큰 조직에서 어떤 역할을 하는지 설명해 주시겠어요?

- What are the main goals for this team over the next year, and how does this role contribute to achieving them?

  내년에 이 팀의 주요 목표는 무엇이며, 이 역할이 목표 달성에 어떻게 기여하나요?

- What is the company culture like, and how does this team contribute to it?

  회사 문화는 어떤 편이며 이 팀이 어떻게 기여할 수 있나요?

- Can you tell me more about the types of promotional campaigns the team has worked on recently and any upcoming projects?

  최근 팀이 진행한 프로모션 캠페인의 유형과 예정된 프로젝트에 대해 자세히 알려주실 수 있나요?

필수 표현

맡게될 직책에 대해 알고 싶습니다

MP3 16_3

- What are the key objectives for this role in the first six months?

  처음 6개월 동안 이 역할의 주요 목표는 무엇인가요?

- How is success usually measured for someone in this position?

  이 직책에서의 성공은 일반적으로 어떻게 평가되나요?

- What are the key challenges someone in this position might face?

  이 직책에서의 성공은 일반적으로 어떻게 평가되나요?

필수 표현

개인에 대한 지원이나 기회에 대해 알고 싶습니다

🔊 MP3 16_4

- How does the company support and encourage professional development and continuous learning for its employees?

  회사는 직원들의 전문성 개발과 지속적인 학습을 어떻게 지원하고 장려하나요?

- Are there any upcoming projects that I would be involved with in this role?

  제가 이 역할에 참여하게 될 예정된 프로젝트가 있나요?

필수 표현

직무에서 겪게될 어려움이 있을까요?

🔊 MP3 16_5

- What are the biggest challenges currently facing this team, and how can this role help address them?

  현재 이 팀이 직면하고 있는 가장 큰 어려움은 무엇이며, 이 역할이 이를 해결하는 데 어떻게 도움이 될 수 있나요?

- What are the immediate priorities for the new hire in this position?

  이 직책의 신입 사원이 가장 먼저 해야 할 업무는 무엇인가요?

필수 표현

면접 이후 채용 단계에 대해 알고 싶습니다

🔊 MP3 16_6

- What are the next steps in the interview process?

  면접 절차의 다음 단계는 무엇인가요?

- Can you provide an overview of the timeline for making a decision about this position?

  이 직책에 대한 결정을 내리는 일정에 대한 개요를 알려주실 수 있나요?

필수 표현

면접 필수 표현

필수 패턴

개인 질문

🔊 MP3 17_1

- I'm particularly skilled at ~

  특히 ~에 능숙합니다

- ~ make me a strong fit for your team

  저의 ~은 팀에 매우 적합합니다

- my goal is to ~

  제 목표는 ~하는 것입니다

- this experience really showed me ~

  이 경험을 통해 ~을 실감할 수 있었습니다

- to fix this mindset, I've been working on ~

  이러한 사고 방식을 고치기 위해, 저는 ~을 노력해 왔습니다

- one of my biggest accomplishments was when ~

  가장 큰 성과 중 하나는 ~했을 때였습니다

- I was assigned to + 업무

  저는 ~ 임무를 맡았습니다

- to manage everything on my plate,

  모든 것을 관리하기 위해

- it reminded me that ~

  ~라는 것을 다시 한 번 깨달았습니다

- I plan to develop my skills and knowledge through ~

  ~을 통해 기술과 지식을 개발할 계획입니다

- these experiences have prepared me well for the role of ~

  이러한 경험을 통해 ~의 역할을 잘 준비할 수 있었습니다

- my number one priority in life is ~

  제 인생의 최우선 순위는 ~입니다

직무 질문

- I've focused on improving my ~ skills, such as ~

  ~와 같은 기술을 향상시키는 데 집중하고 있습니다

- this experience taught me ~

  이 경험을 통해 ~을 배웠습니다

- striking a balance between A and B is crucial to ~

  A와 B사이의 균형을 유지하는 것이 중요합니다

- these days, I've been trying to improve my ~ skill

  요즘은 ~ 능력을 향상시키기 위해 노력하고 있습니다

- I think it's important to remain ~ , since ~

  ~이기 때문에, ~을 유지하는 것이 중요하다고 생각합니다

- make sure that everything is going as expected

  모든 것이 예상대로 진행되고 있는지 확인하다

- I believe that I can contribute significantly to your organization as a ~

  저는 ~로서 귀사의 조직에 크게 기여할 수 있다고 믿습니다

- this would help manage ~

  이렇게 하면 ~하는 데 도움이 됩니다

- I've been working as a (역할) at (근무지) for (기간)

  저는 (기간) 동안 (근무지)에서 (역할)로 일했습니다

- this experience has given me a strong foundation in ~

  이러한 경험을 통해 ~에 대한 탄탄한 기반을 다질 수 있었습니다

직무별 필수 질문

- I want to work in ~ because ~

  ~이기 때문에 ~에서 일하고 싶습니다

- I look forward to discovering how I can contribute to ~

  ~에 기여할 수 있는 방법을 찾고 싶습니다

- I believe that my dedication to ~ will make me a great fit for your team.

  ~하고자 하는 저의 헌신적인 자세가 팀에 도움이 될 것이라 믿습니다

- if I were ~, I would ~

  제가 ~라면 ~할 것입니다

- I learned how to ~

  ~하는 방법을 배웠습니다

- even if a field is unfamiliar to me, I'm pretty sure that I can ~

  낯선 분야라도 ~할 수 있다고 확신합니다

- in this sense, I have confidence in my ~ skills

  이런 점에서 ~ 능력에 자신감을 가지고 있습니다

- through this opportunity, I hope that I can ~

  이번 기회를 통해 ~할 수 있기를 바랍니다

- I know how to ~

  저는 ~하는 방법을 알고 있습니다

- the key is to ~

  핵심은 ~하는 것입니다

- to handle these multiple tasks, I prioritized ~

  여러 가지 업무를 처리하기 위해 저는 ~에 우선순위를 두었습니다

- I believe that this role aligns with my career goals or working in ~

  ~에서 일하고자 하는 제 커리어 목표와 일치합니다

- this role required me to ~

  이 직책은 ~을 요구했습니다

- by keeping in mind ~, I would ~

  ~을 염두에 두면서, ~했습니다

필수 패턴 활용

개인 질문

MP3 17_4

I'm particularly skilled at ~
특히 ~에 능숙합니다

I'm particularly skilled at building a community of loyal customers and working with influencers.
저는 특히 단골 고객 커뮤니티를 구축하고 인플루언서들과 협력하는 데 능숙합니다.

~ make me a strong fit for your team
저의 ~은 팀에 매우 적합합니다

I believe my skills in digital content creation, particularly with social media, make me a strong fit for your team.
저의 디지털 콘텐츠 제작, 특히 소셜 미디어와 패션 제품 마케팅 능력은 팀에 매우 적합하다고 생각합니다.

my goal is to ~
제 목표는 ~하는 것입니다

My goal is to head creative marketing strategies that drive the company's growth and success.
제 목표는 회사의 성장과 성공을 이끄는 창의적인 마케팅 전략을 주도하는 것입니다.

this experience really showed me ~
이 경험을 통해 ~을 실감할 수 있었습니다

This experience really showed me the power of good teamwork and collaboration.
이 경험을 통해 좋은 팀워크와 협업의 힘을 실감할 수 있었습니다.

to fix this mindset, I've been working on ~

이러한 사고 방식을 고치기 위해, 저는 ~을 노력해 왔습니다

To fix this mindset, I've been working on **developing a more balanced perspective.**

이러한 사고방식을 고치기 위해 저는 보다 균형 잡힌 관점을 개발하기 위해 노력해왔습니다.

one of my biggest accomplishments was when ~

가장 큰 성과 중 하나는 ~했을 때였습니다

One of my biggest accomplishments was when **I led a successful research project during my internship at ACR Financial Services.**

가장 큰 성과 중 하나는 ACR 금융 서비스에서 인턴십을 하면서 성공적인 연구 프로젝트를 이끌었을 때였습니다.

I was assigned to + 업무

저는 ~임무를 맡았습니다

I was assigned to **analyze how certain government policies would affect small businesses in my community.**

저는 특정 정부 정책이 지역사회의 중소기업에 어떤 영향을 미칠지 분석하는 임무를 맡았습니다.

to manage everything on my plate,

모든 것을 관리하기 위해

To manage everything on my plate, **I broke down each of my tasks into smaller parts and made sure to stay ahead of schedule in case something goes wrong down the line.**

제 모든 업무를 관리하기 위해 각 작업을 세분화하여 진행 중 문제가 발생할 경우를 대비해 일정을 앞당겼습니다.

it reminded me that ~

~라는 것을 다시 한 번 깨달았습니다

It reminded me that **anything is possible as long as I put my mind to it.**

마음만 먹으면 무엇이든 가능하다는 것을 다시 한 번 깨달았습니다.

I plan to develop my skills and knowledge through ~

~을 통해 기술과 지식을 개발할 계획입니다

I plan to continuously develop my skills and knowledge through ongoing education, certifications, and hands-on experience.

지속적인 교육, 자격증 취득, 실무 경험을 통해 기술과 지식을 지속적으로 개발할 계획입니다.

these experiences have prepared me well for the role of ~

이러한 경험을 통해 ~의 역할을 잘 준비할 수 있었습니다

These experiences have prepared me well for the role of marketing assistant at your company.

이러한 경험을 통해 귀사의 마케팅 어시스턴트 역할을 잘 준비할 수 있었습니다.

my number one priority in life is ~

제 인생의 최우선 순위는 ~입니다

My number one priority in life is my family because they have raised me to become the person that I am today.

가족이 저를 지금의 저로 키워주었기 때문에, 제 인생의 최우선 순위는 가족입니다.

MP3 17_5

I've focused on improving my ~ skills, such as ~
~와 같은 기술을 향상시키는 데 집중하고 있습니다

I've focused on improving my **collaborative** skills, such as **active listening, giving and receiving constructive feedback.**
적극적인 경청, 건설적인 피드백 주고받기와 같은 협업 기술을 향상하는 데 집중하고 있습니다.

this experience taught me ~
이 경험을 통해 ~을 배웠습니다

This experience taught me **the value of teamwork and the importance of adaptive and collaborative skills.**
이 경험을 통해 팀워크의 가치와 적응력 및 협업 기술의 중요성을 배웠습니다.

striking a balance between A and B is crucial to ~
A와 B사이의 균형을 유지하는 것이 중요합니다

Striking a balance between **transparency** and **politeness** is crucial **to avoid being rude.**
무례한 태도를 보이지 않으려면 투명성과 공손함 사이의 균형을 유지하는 것이 중요합니다.

these days, I've been trying to improve my ~ skill
요즘은 ~능력을 향상시키기 위해 노력하고 있습니다

These days, I've been trying to improve my **analytical and planning** skills **because I know that these are important for a role in marketing.**
요즘은 마케팅 직무에서 분석 능력과 기획력이 중요하다는 것을 알고 있기 때문에 이를 향상시키기 위해 노력하고 있습니다.

I think it's important to remain ~ , since ~
~이기 때문에, ~을 유지하는 것이 중요하다고 생각합니다

I think it's important to remain **calm and flexible,** since **change is always a natural part of any project.**
모든 프로젝트에서 변화는 항상 자연스러운 부분이기 때문에 침착함을 유지하고 유연하게 대처하는 것이 중요하다고 생각합니다.

make sure that everything is going as expected

모든 것이 예상대로 진행되고 있는지 확인하다

I would closely monitor the process and make sure that everything is going as expected.

프로세스를 면밀히 모니터링하고 모든 것이 예상대로 진행되고 있는지 확인합니다.

I believe that I can contribute significantly to your organization as a ~

저는 ~로서 귀사의 조직에 크게 기여할 수 있다고 믿습니다

I believe that I can contribute significantly to your organization as a marketing manager.

마케팅 관리자로서 귀사의 조직에 크게 기여할 수 있다고 믿습니다.

this would help manage ~

이렇게 하면 ~하는 데 도움이 됩니다

This would help manage everyone's expectations and make sure that everyone is on the same page.

이렇게 하면 모든 사람의 기대치를 관리하고 모두가 같은 생각을 하고 있는지 확인하는 데 도움이 됩니다.

I've been working as a (역할) at (근무지) for (기간)

저는 (기간) 동안 (근무지)에서 (역할)로 일했습니다

I've been working as a marketing assistant at IPC Entertainment for the past two years, where I developed marketing campaigns and oversaw several social media accounts for our artists.

저는 지난 2년간 IPC 엔터테인먼트에서 마케팅 어시스턴트로 일하면서 마케팅 캠페인을 개발하고 소속 아티스트의 여러 소셜 미디어 계정을 관리했습니다.

this experience has given me a strong foundation in ~

이러한 경험을 통해 ~에 대한 탄탄한 기반을 다질 수 있었습니다

These experiences have given me a strong foundation in marketing strategy and leadership.

이러한 경험을 통해 마케팅 전략과 리더십에 대한 탄탄한 기반을 다질 수 있었습니다.

I want to work in ~ because ~
~이기 때문에 에서 일하고 싶습니다

I want to work in **HR** because **I'm passionate about helping people succeed and building a positive, warm company culture.**
저는 사람들의 성공을 돕고 긍정적이고 따뜻한 기업 문화를 구축하는 데 열정을 가지고 있기 때문에 인사팀에서 일하고 싶습니다.

I look forward to discovering how I can contribute to ~
~에 기여할 수 있는 방법을 찾고 싶습니다

I look forward to discovering how I can contribute to **your organization's success, and I would like to work to improve the overall well-being of employees across the board.**
귀사의 성공에 기여할 수 있는 방법을 찾고, 전반적인 직원들의 전반적인 복지를 개선하기 위해 일하고 싶습니다.

I believe that my dedication to ~ will make me a great fit for your team.
~하고자 하는 저의 헌신적인 자세가 팀에 도움이 될 것이라 믿습니다

I believe that my dedication to **supporting others** will make me a great fit for your team.
다른 사람을 지원하고자 하는 저의 헌신적인 자세가 팀에 큰 도움이 될 것이라 믿습니다.

if I were ~, I would ~
제가 ~라면, ~할 것입니다

If I were **the interviewer,** I would **ask you, "What do you enjoy about working at this company, and why?"**
제가 면접관이라면 '이 회사에서 일하면서 어떤 점이 즐겁고, 그 이유는 무엇인가요?'라고 질문할 것입니다.

I learned how to ~
~하는 방법을 배웠습니다

I learned how to **adapt quickly and respond to busy periods by addressing customer needs immediately while supporting the drink-making process.**
음료 제조 과정을 지원하면서 고객의 요구를 즉시 해결하고 바쁜 시기에 빠르게 적응하고 대응하는 방법을 배웠습니다.

even if a field is unfamiliar to me, I'm pretty sure that I can ~

낯선 분야라도, ~할 수 있다고 확신합니다

Even if a field is unfamiliar to me, I'm pretty sure that I can use my basic knowledge and skills in project planning and organization to get the job done smoothly.

낯선 분야라도 프로젝트 기획과 조직에 대한 기본적인 지식과 기술을 활용하면 원활하게 업무를 수행할 수 있다고 확신합니다.

in this sense, I have confidence in my ~ skills

이런 점에서 ~ 능력에 자신감을 가지고 있습니다

In this sense, I have confidence in my communication skills, and I believe that I am a good fit for this position.

이런 점에서 저는 커뮤니케이션 능력에 자신감을 가지고 있으며, 이 직책에 적임자라고 생각합니다.

through this opportunity, I hope that I can ~

이번 기회를 통해 ~할 수 있기를 바랍니다

Through this opportunity, I hope that I can help achieve your company's sales goals.

이번 기회를 통해 귀사의 매출 목표를 달성하는 데 도움이 되기를 바랍니다.

I know how to ~

저는 ~하는 방법을 알고 있습니다

I know how to approach customers courteously, listen to their needs, and offer product recommendations based on their situation.

저는 고객에게 정중하게 다가가고, 고객의 요구사항을 경청하며, 고객의 상황에 맞는 제품을 추천하는 방법을 알고 있습니다.

the key is to ~

핵심은 ~하는 것입니다

The key is to be adaptive and pinpoint a customer's biggest concerns so that you can offer them a simple and easy solution.

핵심은 적응력을 갖추고 고객의 가장 큰 관심사를 정확히 파악하여 간단하고 쉬운 솔루션을 제공하는 것입니다.

to handle these multiple tasks, I prioritized ~

여러 가지 업무를 처리하기 위해 저는 ~에 우선순위를 두었습니다

To handle these multiple tasks, I prioritized **customer service above all else and made sure to delegate the extra tasks based on their fluctuating levels of urgency.**

이러한 여러 가지 업무를 처리하기 위해 저는 무엇보다도 고객 서비스에 우선순위를 두고, 변동하는 긴급함의 정도에 따라 추가 업무를 위임했습니다.

I believe that this role aligns with my career goals or working in ~

~에서 일하고자 하는 제 커리어 목표와 일치합니다

I believe that this role aligns with my career goals of working in **a dynamic environment that requires both marketing and planning skills.**

이 직책은 마케팅과 기획 능력이 모두 필요한 역동적인 환경에서 일하고자 하는 제 커리어 목표와 일치한다고 생각합니다.

this role required me to ~

이 직책은 ~을 요구했습니다

This role required me to **act as a voice that represented the international student population and strengthen their presence and involvement on campus.**

이 직책은 유학생을 대변하는 목소리를 내고 캠퍼스에서 그들의 존재감과 참여를 강화하는 역할을 요구했습니다.

by keeping in mind ~, I would ~

~을 염두에 두면서, ~했습니다

By keeping in mind **others' suggestions,** I would **make adjustments to my plan and make sure that it still focuses on the overall goals of the promotion.**

다른 사람들의 제안을 염두에 두면서 계획을 조정하고 프로모션의 전반적인 목표에 여전히 초점을 맞출 수 있도록 했습니다.

Unit 18 면접 만능 문장

면접 초반에 하면 좋은 표현

- 표준 인사말 및 감사 인사말

- 역할에 대한 열정 강조하기

- 소개한 사람 언급하기

- 간단한 자기 소개

어필하고 싶을 때 쓸 수 있는 표현

- 열정과 헌신 보여주기

- 나만의 가치 강조하기

- 회사에 대한 이해도 보여주기

- 문제 해결 능력 강조하기

곤란한 질문을 받았을 때 쓸 수 있는 표현

- 답을 모르는 경우

- 생각할 시간이 필요한 경우

- 부분적인 지식이 있는 경우

- 질문을 잘못 이해한 경우

- 질문이 본인의 경험을 벗어난 경우

- 어려운 상황에 대한 질문

- 잘 모르는 기술적인 질문

면접 초반에 하면 좋은 표현

표준 인사말 및 감사 인사말	Good afternoon. It's nice to meet you. I'm really excited about this opportunity to talk about how my skills and values fit with your team. 안녕하세요. 만나뵙게 되어 반갑습니다. 제 기술과 가치가 귀사의 팀과 어떻게 부합하는지 이야기할 수 있는 이 기회가 정말 기대됩니다.

어휘 opportunity 기회 value 가치 fit 부합하다

역할에 대한 열정 강조하기	Good morning. Thank you for taking the time to meet with me today. I've been looking forward to this conversation because I'm very enthusiastic about this software engineer role and the innovative work your company is doing to develop virtual reality games. 좋은 아침입니다. 오늘 저를 만나기 위해 시간을 내주셔서 감사합니다. 저는 소프트웨어 엔지니어 역할과 가상현실 게임 개발을 위해 귀사가 진행하고 있는 혁신적인 활동에 대해 매우 관심이 많기 때문에 이 대화를 기대해 왔습니다.

어휘 look forward to 기대하다 enthusiastic 관심이 많은, 열정적인 innovative 혁신적인

소개한 사람 언급하기	Hello. Thank you for having me today. I was excited to learn about this opportunity from Deborah Park, and I'd love to talk about how I can contribute to your team. 안녕하세요. 오늘 초대해 주셔서 감사합니다. 데보라 박으로부터 이 기회에 대해 알게 되어 기뻤고, 제가 팀에 기여할 수 있는 방법에 대해 이야기하고 싶습니다.

어휘 learn ~을 알게 되다, 배우다 contribute to ~에 기여하다

간단한 자기 소개	Hi. My name is Julie, and I'm glad to be here. I have a background in computer science, with experience in IT support and data processing. I look forward to discussing how my experiences can contribute to the success of your team. 안녕하세요. 저는 줄리라고 하고, 여기 오게 되어 기쁩니다. 저는 컴퓨터 과학을 전공하고 IT 지원 및 데이터 처리 분야에서 경력을 쌓았습니다. 제 경험이 팀의 성공에 어떻게 기여할 수 있는지 논의할 수 있기를 기대합니다.

어휘 have a background in ~에 경력이 있는

어필하고 싶을 때 쓸 수 있는 표현

열정과 헌신 보여주기	I'm genuinely excited about **this opportunity because** I really admire how **ASL Cosmetics** is leading innovation in **makeup products.** **As a makeup enthusiast, I'd love to be a part of such groundbreaking work.** 저는 메이크업 제품의 혁신을 선도하는 ASL 코스메틱을 정말 존경하기 때문에 이 기회가 정말 기대됩니다. 메이크업 애호가로서 저는 이러한 획기적인 작업에 참여하고 싶습니다.

어휘 genuinely 정말, 진실로 admire 존경하다 groundbreaking 획기적인

나만의 가치 강조하기	One of the things that sets me apart is my ability to **build strong relationships with clients** due to my extroverted and attentive personality. I believe this will help me succeed when it comes to **engaging with clients.** 저를 차별화하는 요소 중 하나는 외향적이고 세심한 성격 덕분에 고객과 돈독한 관계를 구축할 수 있다는 점입니다. 이 점이 고객과 소통할 때 성공하는 데 도움이 될 것이라고 믿습니다.

어휘 set apart 차별화하다, 눈에 띄게 하다 extroverted 외향적인 attentive 세심한 engage with ~와 소통하다

회사에 대한 이해도 보여주기	I've seen **NexGen Labs'** recent initiatives in **sustainable technology, and** I was really impressed with your **goal of having a zero-carbon footprint.** I'm excited about the opportunity to be a part of such important projects **that align with my passion for environmental awareness.** 지속 가능한 기술에 대한 넥스젠 랩스의 최근 계획을 보고 탄소 발자국 제로라는 목표에 깊은 인상을 받았습니다. 환경 인식에 대한 저의 열정과 일치하는 중요한 프로젝트에 참여할 수 있는 기회가 생겨서 기쁩니다.

어휘 initiative 계획, 기획 sustainable 지속 가능한 carbon footprint 탄소 발자국 align with ~와 일치하는

문제 해결 능력 강조하기	I believe that I do work well **in dynamic** environments, **and** I know how to approach complex problems. **For instance, I successfully designed a landing page for my previous company's blog from scratch after a system error made us lose access to the original one.** Even though **website design** is not my specialty, I was able to receive help from knowledgeable people and follow other successful examples from competitors to get the job done. **I hope that I have the chance to put this problem-solving mindset to use on your team, too.** 저는 역동적인 환경에서 일을 잘 할 수 있고 복잡한 문제에 접근하는 방법을 잘 알고 있다고 생각합니다. 예를 들어, 시스템 오류로 인해 원래 블로그에 액세스할 수 없게 된 후 이전 회사의 블로그 랜딩 페이지를 처음부터 다시 성공적으로 디자인한 적이 있습니다. 웹사이트 디자인은 제 전문 분야는 아니지만, 지식이 풍부한 사람들의 도움을 받고 경쟁사의 다른 성공 사례를 따라 작업을 완료할 수 있었습니다. 여러분 팀에서도 이러한 문제 해결 사고방식을 활용할 수 있는 기회가 있었으면 좋겠습니다.

어휘 approach 접근하다 from scratch 맨 처음부터 mindset 사고방식, 태도

곤란한 질문을 받았을 때

🔊 MP3 18_3

답을 모르는 경우	That's a great question. I'm not sure about the exact answer at the moment, but I do want to look more into it. I would approach it by conducting market research and using a SWOT(strengths, weaknesses, opportunities, threats) analysis to understand the different parts of the problem. 좋은 질문이시네요. 지금은 정확한 답을 잘 모르겠지만 좀 더 자세히 알아보고 싶습니다. 시장 조사를 실시하고 SWOT(강점, 약점, 기회, 위협) 분석을 통해 문제의 여러 부분을 이해함으로써 접근해 보겠습니다.

어휘 at the moment 지금 look into 알아보다 analysis 분석

생각할 시간이 필요한 경우	That's an interesting question. Sorry, can I take a moment to gather my thoughts? So, I believe the first step in approaching this would be to reach out to the next person in charge because it's likely that they will have better insight or guidance on the task at hand. Also, I think it's always wise to ask questions rather than act carelessly and risk causing more problems. 흥미로운 질문이시네요. 잠시 생각을 정리할 수 있을까요? 먼저 다음 담당자에게 문의하는 것이 당면한 업무에 대해 더 나은 통찰력이나 지침을 가지고 있을 가능성이 높기 때문에 이 문제에 접근하는 첫 번째 단계가 될 것이라고 생각합니다. 또한 부주의하게 행동하여 더 많은 문제를 일으킬 위험을 감수하기보다는 항상 질문하는 것이 현명하다고 생각합니다.

어휘 gather one's thoughts 생각을 정리하다 person in charge 담당자 insight 통찰력 guidance 지침 at hand 당면한, 가까운

부분적인 지식이 있는 경우	I have some experience with marketing, which I know involves creating interesting content and analyzing sales numbers. For the parts I'm less familiar with, I would utilize Google Analytics and refer to the various marketing handbooks that can be found online. Nowadays, I'm aware that there're lots of free academic resources for all sorts of fields, published by credible institutions or experienced professionals. 저는 흥미로운 콘텐츠를 제작하고 판매 수치를 분석하는 등 마케팅에 대한 경험이 있습니다. 잘 모르는 부분은 구글 애널리틱스를 활용하고 온라인에서 찾을 수 있는 다양한 마케팅 핸드북을 참고합니다. 요즘에는 신뢰할 수 있는 기관이나 경험이 풍부한 전문가가 발행하는 모든 종류의 분야에 대한 무료 학술 자료가 많이 있다는 것을 알고 있습니다.

어휘 be familiar with ~에 익숙한 uitilize 활용하다, 이용하다 credible 신뢰할 수 있는

질문을 잘못 이해한 경우	Sorry, could you please clarify what exactly you mean by "economic conditions"? I want to make sure I'm addressing your question accurately. 죄송하지만 '경제 상황'이 정확히 무엇을 의미하는지 명확히 설명해 주시겠습니까? 질문에 정확하게 답변하고 싶습니다.

어휘 clarify 명확하게 하다 mean by 의미하다, 뜻하다 accurately 정확하게

질문이 본인의 경험을 벗어난 경우	I haven't encountered that exact situation with very stubborn or picky clients before, but in any scenario where a client is unhappy or dissatisfied with my team's work, I would firstly apologize that we could not meet their standards and listen closely to their concerns to understand their perspective. Then, I would do research if needed and offer suggestions for either changing specific content or coming to a compromise. But in these cases, I know that it's always important to be wary of risks from my team's point of view and be as practical as possible, finance- and time-wise. I would apply a similar strategy to address any other challenges related to difficult or uncooperative clients, too. 고집이 세거나 까다로운 고객과는 그런 상황을 맞닥뜨린 적이 없지만, 고객이 저희 팀의 업무에 불만족하거나 불만이 있는 경우에는 먼저 고객의 기준을 충족시키지 못한 점에 대해 사과하고 고객의 우려 사항을 주의 깊게 경청하여 고객의 입장을 이해하려고 노력합니다. 그런 다음 필요한 경우 조사를 하고 특정 콘텐츠를 변경하거나 타협점을 찾기 위한 제안을 합니다. 하지만 이런 경우에는 항상 팀의 관점에서 위험을 경계하고 재정적, 시간적 측면에서 최대한 실용적인 태도를 취하는 것이 중요하다는 것을 알고 있습니다. 저는 까다롭거나 비협조적인 고객과 관련된 다른 문제에도 비슷한 전략을 적용합니다.

어휘 encounter 맞닥뜨리다 stubborn 고집이 센 picky 까다로운 meet a standard 기준을 충족시키다 perspective 입장, 관점 be wary of 경계하다 uncooperative 비협조적인

어려운 상황에 대한 질문	In my previous role, I faced a situation where our café was really short-staffed, and there weren't enough baristas to keep up. It was my job to oversee the intake and delivery of drink orders. I remained calm under pressure and adapted my role to the flow of customers. I made sure to take orders at a pace that our baristas could keep up with and give out drinks in their stead to ease their workload. The result was that no customer was waiting too long at any given point, and my coworkers could manage the many orders all at once. I learned that it's essential to stay calm in hectic situations and to find ways to maximize my own productivity while meeting customer expectations. 이전 직장에서 카페의 일손이 매우 부족하여 업무를 따라잡을 바리스타가 부족한 상황에 직면한 적이 있었습니다. 음료 주문의 접수와 배달을 감독하는 것이 제 일이었습니다. 저는 압박감 속에서도 침착함을 유지하며 손님들의 흐름에 맞춰 제 역할을 조정했습니다. 바리스타가 따라갈 수 있는 속도로 주문을 받고 바리스타의 업무 부담을 덜어주기 위해 대신 음료를 제공했습니다. 그 결과 어느 시점에서든 너무 오래 기다리는 고객이 없었고, 동료들이 많은 주문을 한꺼번에 처리할 수 있었습니다. 저는 바쁜 상황에서도 침착함을 유지하고 고객의 기대에 부응하면서 제 자신의 생산성을 극대화할 수 있는 방법을 찾는 것이 중요하다는 것을 배웠습니다.

어휘 preivous 이전의 face 직면하다 short-staffed 일손이 부족한, 직원이 부족한 oversee 감독하다 workload 업무량, 업무 부담
at any given point 어느 시점에서든 productivity 생산성

잘 모르는 기술적인 질문	While I'm not familiar with that specific tool, I do think that I'm good at learning and mastering new technologies quickly. For instance, when I had to use Adobe Premier for the first time at my previous job, I used a lot of online tutorials to learn useful tips and tricks and practiced editing videos in my down time. I would apply the same approach here. 저는 특정 도구에 익숙하지는 않지만 새로운 기술을 빠르게 배우고 익히는 데는 능숙하다고 생각합니다. 예를 들어, 이전 직장에서 어도비 프리미어를 처음 사용해야 했을 때 유용한 팁과 요령을 배우기 위해 온라인 튜토리얼을 많이 활용하고 쉬는 시간에 동영상 편집 연습을 했습니다. 여기에서도 동일한 접근 방식을 적용하겠습니다.

어휘 specific 특정한 edit 편집하다 down time 쉬는 시간 apply 적용하다

MEMO

해외 취업 및 외국계 기업 지원을 위한 첫 걸음!

시원스쿨 취업영어
온라인 강의

시원스쿨랩 취업영어
대표강사 송지원

히트브랜드 토익·토스·오픽 인강 1위

시원스쿨LAB 교재 라인업

*2020~2024 5년 연속 히트브랜드대상 1위 토익·토스·오픽 인강

시원스쿨 토익 교재 시리즈

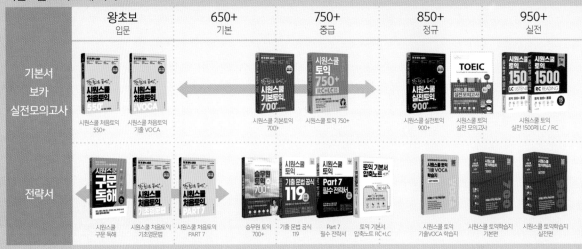

	왕초보 입문	650+ 기본	750+ 중급	850+ 정규	950+ 실전
기본서 보카 실전모의고사	시원스쿨 처음토익 550+ / 시원스쿨 처음토익 기출 VOCA	시원스쿨 기본토익 700+ / 시원스쿨 토익 750+		시원스쿨 실전토익 900+ / 시원스쿨 토익 실전 모의고사	시원스쿨 토익 실전 1500제 LC / RC
전략서	시원스쿨 구문 독해 / 시원스쿨 처음토익 기초영문법 / 시원스쿨 처음토익 PART 7	승무원 토익 700+ / 기출 문법 공식 119 / Part 7 필수 전략서 / 토익 기본서 압축노트 RC+LC		시원스쿨 토익 기출VOCA 학습지 / 시원스쿨 토익학습지 기본편 / 시원스쿨 토익학습지 실전편	

시원스쿨 토익스피킹, 듀오링고, 오픽, SPA 교재 시리즈

10가지 문법으로 시작하는 토익스피킹 기초영문법 / 28시간에 끝내는 토익스피킹 START / 5일 만에 끝내는 토익스피킹 / 15개 템플릿으로 끝내는 토익스피킹 필수 전략서 / 시원스쿨 토익스피킹 IM - AL / 시원스쿨 토익스피킹 실전 모의고사 / 시원스쿨 토익스피킹 학습지 / Duolingo English Test 개정판 / Duolingo English Test 실전모의고사 / Duolingo English Test 영문판 / Duolingo English Test 기출 보카

시원스쿨 빅오픽 START / 시원스쿨 빅오픽 IM-IH / 시원스쿨 오픽 IM-AL / 시원스쿨 오픽 실전 모의고사 / 멀티캠퍼스X시원스쿨 오픽 진짜학습지 IM 실전 / 멀티캠퍼스X시원스쿨 오픽 진짜학습 IH 실전 / 멀티캠퍼스X시원스쿨 오픽 진짜학습지 AL 실전 / 시원스쿨 오픽학습지 실전전략편 IH-AL / OPIc All in one PACKAGE IM-AL / 시원스쿨 SPA / 시원스쿨 SPA 실전 모의고사

시원스쿨 아이엘츠 교재 시리즈 / 시원스쿨 토플 교재 시리즈

IELTS Study Pack / 아이엘츠 MASTER / 아이엘츠 기출 VOCA / 시원스쿨 TOEFL Basic / 시원스쿨 TOEFL Intermediate / 시원스쿨 TOEFL Actual Tests / 시원스쿨 TOEFL 기출 VOCA / 시원스쿨 TOEFL Speaking / 시원스쿨 TOEFL Writing / 시원스쿨 TOEFL Listening / 시원스쿨 TOEFL Reading

시원스쿨 지텔프 교재 시리즈 / 시원스쿨 텝스 교재 시리즈

지텔프 기출문제집 공식 기출 7회분 / 지텔프 기출문법 / 지텔프 기출VOCA / 지텔프 기출독해 / 지텔프 기출청취 / 시원스쿨 지텔프 최신 기출 유형 문법 모의고사 / 시원스쿨 지텔프 32-50 / 시원스쿨 지텔프 65+ / 시원스쿨 텝스 Basic / 시원스쿨 텝스 청해 / 시원스쿨 텝스 어휘·문법 / 시원스쿨 텝스 독해 / 뉴텝스 서울대 공식 기출문제집